Landbuch
Verlag Hannover

Jack Russell Terrier

Ein Tier-Ratgeber in Zusammen-
arbeit mit dem Zentralverband
Zoologischer Fachbetriebe
Deutschlands e.V. (ZZF)

Das Zusammenleben mit Tieren ist
wunderschön. Jedoch nur, wenn Tier
und Mensch sich dabei wohl fühlen.
Damit eine harmonische Partner-
schaft zwischen Tier und Mensch ent-
steht, muss der Mensch verantwortungsvoll mit seinem Tier umgehen -
vom überlegten Kauf bis zur art-
gemäßen Unterbringung, Ernährung
und Pflege. Eine verantwortungsvolle
Heimtierhaltung fördert den Tierschutz. Wie, das zeigen wir Ihnen auf
den folgen-
den Seiten.

Die Autorin

Katharina von der
Leyen ist Journalistin
für verschiedene re-
nommierte Zeitschrif-
ten. Als Hundehalterin
hat sie seit Jahrzehnten
Erfahrungen mit den
unterschiedlichsten
Hunderassen.

Verantwortungsvoll mit Tieren leben

SIE MÖCHTEN EINEN JACK RUSSELL?

WAS FÜR EINER SOLL ES DENN SEIN?

INFO

Farben führen Sie durch diesen farbigen Tier-Ratgeber

Teil 1 informiert Sie über das Wesen des Jack Russells und geht auf alle Fragen ein, die man sich vor der Ankunft des Hundes stellen sollte.

Teil 2 gibt Tipps, worauf beim Kauf des Hundes zu achten ist.

Teil 3 informiert Sie über den richtigen Umgang mit dem Hund.

Teil 4 enthält Informationen über die richtige Ernährung und Gesunderhaltung des Jack Russells.

Unser Motto: Verantwortungsvoll mit Tieren leben – das heißt: Freude am Jack Russell haben,
• weil Sie sein Wesen kennen,
• weil Sie wissen, was er braucht,
• weil Sie ihn artgerecht halten.

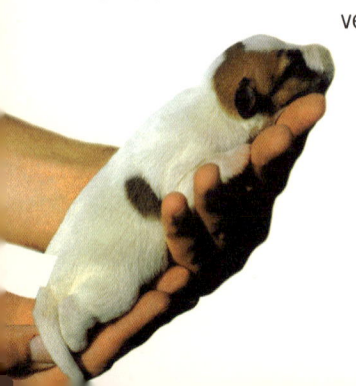

DAS LEBEN MIT DEM JACK RUSSELL

RUND UM DEN GESUNDEN HUND

SIE MÖCHTEN EINEN JACK RUSSELL?

FURCHTLOSER JÄGER UND UNWIDERSTEH-
LICHER QUATSCHKOPF: DAS SIND WOHL DIE
HERVORSTECHENDSTEN EIGENSCHAFTEN, DIE
DEN JACK RUSSELL TERRIER SO BELIEBT
GEMACHT HABEN. WAS ABER STECKT NOCH
HINTER DIESEM LUSTIGEN HUND?

Der Jack Russell und seine Geschichte

Seine Karriere begann Mitte des 19. Jahrhunderts in Devonshire, England, bei dem Pfarrer (»Parson«) Jack Russell, einem leidenschaftlichen Fuchsjäger: Der brauchte einen kleinen, mutigen und tapferen Hund, der den Füchsen in ihrem Bau ohne zu zögern den Garaus machte. Es wurden zwei Sorten dieser Terrier gezüchtet: Die kurzläufigere Variante saß bei der Fuchsjagd vorne auf dem Sattel beim Pferd, während die hochläufigere Ausgabe der Jack Russell Terrier der Meute zu Fuß folgte. Wenn der Fuchs der Foxhound-Meute entkommen war, wurde der kleine Jack Russell in den Bau hinterhergeschickt.

Die Hunde von Reverend Russell waren weit und breit bekannt für ihre Geschicklichkeit, ihre Intelligenz und ihre Härte. Aus welchen Hunderassen der Jack Russell gezüchtet wurde, ist nie genau erforscht worden, aber auf Fotos, die Russell mit seinen Hunden zeigen, sehen viele dem kurzhaarigen Foxterrier sehr ähnlich. Man nimmt an, dass Russell Bullterrier, Beagle, Dackel und Corgies einkreuzte, aber nichts Genaues weiß man nicht: Tatsache ist jedenfalls, dass der Jack Russell immer noch ein sportlicher, sehr komischer und handlicher kleiner Hund von unglaublicher Ausdauer ist, für jeden Blödsinn zu haben und nach wie vor mit Raubzeugschärfe ausgestattet.

Niedlich, aber nicht ohne

Jack Russells sind keine Hunde für Jedermann. Sie sind enthusiastische Kläffer und graben mit Begeisterung tiefe Krater im Garten. Manche haben einen ausgesprochenen Jagdtrieb und sind – wie viele Terrierrassen – ausgesprochen streitsüchtig und angriffslustig. Anderen Exemplaren wiederum

Der Jack Russell ist eine echte Sportskanone. Immer für Action, Abenteuer und jeden Unsinn zu haben, fordert er zu jeder Gelegenheit zum Spielen auf.

Der Jack Russell Terrier wird nach wie vor als Jagdhund gezüchtet und eingesetzt und diesen Auftrag nimmt er auch sehr ernst. Das Zusammenleben mit dem Familienmeerschweinchen ist daher nicht unproblematisch.

geht jeglicher Jagdtrieb vollständig ab. Wenigstens ist der Jack Russell immer dort, wo etwas los ist, wild, witzig und niemals kleinzukriegen. Unübertroffen bei der Arbeit im Bau oder auf Wildschweine, machen ihn seine Intelligenz, seine Energie und Fröhlichkeit immer beliebter als Familienhund. Erst seit 1990 wird der Jack Russell vom Englischen Kennel Club als eigenständige Rasse anerkannt, wahrscheinlich, weil sie den ungeheuren Jack-Russell-Boom nicht an sich vorüberziehen lassen wollten. Immerhin trifft man den Jack Russell Terrier mittlerweile überall: in Reitställen, Büros, Fernsehserien, Theatergarderoben und Hochhäusern. Das ist kein Wunder: In jeder Variante – kurz oder langbeinig, rau- oder glatthaarig – ist er niedlich anzusehen mit seinen braunen und/oder schwarzen Flecken

auf weißem Grund, seinem pfiffigen Gesichtsausdruck und seinem ungeheuren schauspielerischen Talent. Sie eignen sich nur bedingt zur Zwingerhaltung, weil Jack Russells gewöhnlich von vornherein so selbstbewusst und eigenständig sind, dass sie sich selbst überlassen leicht zu unabhängig werden, was den Umgang mit ihnen einigermaßen erschwert. Jack Russells sind ständig in Bewegung, hervorragende Wächter und von ungeheurem Charme, der ihre Erziehung oft sehr schwierig gestaltet: Wie soll man denn auch nur einigermaßen konsequent sein mit einem Hündchen, das voller Stolz neben den Lieblingsschuhen sitzt, aus denen es gerade Sandalen gemacht hat, völlig zufrieden mit sich selbst und einen mit schiefgelegtem Kopf glücklich hechelnd betrachtet?

Ein Hund mit Star-Qualitäten

Der Jack Russell liebt es, sich aufzuspielen, was ihn zu einem wunderbaren Unterhalter macht. Eine Züchterin beschreibt sie als »kleine Ganoven im Clowns-Kostüm«. Er ist immer an neuen Freunden interessiert und gibt sich nur ungern mit einem »Nein« zufrieden. Die Erziehung von Jack Russells ist nicht leicht: Ständig auf der Suche nach Abenteuern, sind sie an ihrer Ausbildung zum Gesellschafts- und Familienhund nur solange interessiert, solange diese spannend und unterhaltsam gestaltet wird, sonst denken sie sich lieber selber andere Dinge aus. Weil sie so klein und handlich sind, werden sie gerne als Wohnungshunde propagiert, dabei ist das Gegenteil der Fall: Jack Russell Terrier lieben und brauchen Abwechslung, Parks und Abenteuer und suchen ständig nach einem Ventil für ihre unerschöpfliche Energie. Sie brauchen viel Auslauf und Beschäftigung – was von vielen Hundebesitzern für ein- und dasselbe gehalten wird.

Kein Hund für Schlafmützen

Beschäftigung bedeutet, mit seinem Hund zu spielen, Bälle durch die Luft zu schleudern, Gehorsamkeitsübungen zu machen, Würstchen an einem Bindfaden durch den Garten zu ziehen und ihn hinterher suchen zu lassen, ihm Kunststücke und andere nützliche Dinge lernen zu lassen, kurz: seinen Hund zu fordern. Ein unterforderter Jack Russell denkt sich den ganzen Tag den größtmöglichen Blödsinn aus, gräbt ungeheure Krater in den englischen Rasen, klettert über Zäune und fängt Streit mit den Nachbarhunden an und zwar völlig ungeachtet der Tatsache, dass er im Zweifelsfall gerade die richtige Dessert-Portion für sie wäre. Der Jack Russell Terrier ist ganz sicherlich kein Hund für Leute mit

Der Jackie wurde zu Erdarbeiten gezüchtet und es ist ihm nur schwer klarzumachen, dass man darauf im Garten gerne verzichten möchte. Bei der Erziehung müssen Sie etwas Geduld mitbringen.

Der Jack Russell ist ein ungeheurer Kindskopf und deshalb ein guter Piratenhund, Löwenbändiger und Kummerkasten in allen Lebenslagen. Ein Kinderhund – allerdings mit Einschränkungen.

Hang zu schläfrigem Lebensstil: Wenn man einen Jack Russell sieht, der wie ein völlig entspannter Schoßhund aussieht, dann wahrscheinlich deshalb, weil sein Besitzer gerade einen 40 km-Marathonlauf mit ihm gemacht hat. Wer also sein Leben mit einem Jack Russell Terrier teilen möchte, sollte sich darauf einstellen, dass es ein völlig neues Leben wird – einen Jack Russell Terrier zu handhaben, bedarf einer gewissen Scharfsinnigkeit und großer Energie aufseiten des Besitzers: Dafür bewahren sich Jack Russells

ihren kindlichen Charme bis ins hohe Alter. Sie versuchen immer wieder, die Grenzen ihrer Besitzer herauszufinden und müssen mit fester, konsequenter Hand erzogen werden. Die Belohnung ist eine sehr spezielle Freundschaft mit einem ausgesprochen loyalen, treuen Hund, und eine Menge zu lachen – ganz sicherlich braucht man nämlich einen guten Sinn für Humor für einen Jack Russell, weil man einfach nie wissen kann, was er als nächstes macht.

Ein Kinderhund mit Einschränkungen

Prinzipiell entspricht das fröhliche, verspielte Wesen des Jack Russell Terriers dem eines Kindes. Allerdings ist er eben ein echter Terrier, und die sind nur mit Einschränkungen als Kinderhunde zu genießen: Jack Russell sind sehr selbstbewusste Hunde, was bedeutet, dass sie sich nicht alles gefallen lassen. Sie lassen sich mal am Bart ziehen oder an der Rute, sie lassen sich hin und wieder Gummibärchen in die Nase stecken – vor allem, wenn man dabei möglichst ihre Schnauze trifft – aber insgesamt finden sie das nicht komisch und werden sich wehren. Manche knurren nur, manche schnappen durchaus zu: Die Reizschwelle dieser harten, launischen kleinen Jagdhunde ist nicht besonders hoch und sie gehören nun einmal zu den Rassen, die nur selten vor einem Angreifer zurückweichen. Das heißt also, dass Jack Russell Terrier sich meistens besser für Kinder ab sechs, sieben Jahren eignen, denen man vieles erklären kann und die akzeptieren können, wenn ein Hund seine Ruhe haben will, wenn er »beleidigt« ist oder einfach die Faxen dicke hat. Kinder müssen an den Umgang mit Hunden genauso gewöhnt werden, wie Hunde an Kinder. Sie müssen lernen, dass Tiere – anders als in Zeichentrickfilmen – keine kleinen Menschen mit Fell sind und auch keine Superhunde wie Lassie oder der Bernhardiner Beethoven (oder sein Jack Russell-Freund!) sind. Kinder müssen lernen, dass Hunde im Allgemeinen keine Überraschungen lieben und das Spiel, sich von hinten anzuschleichen oder den Hund zu erschrecken, fatale Folgen haben kann.

Der Hund steht im Rudel höher

Eltern und Kinder müssen akzeptieren, dass ein erwachsener Hund sich keineswegs am »unteren Ende des Rudels«, also in der Rangordnung unter den Kindern, sondern sich meistens wenigstens ebenbürtig, wenn nicht über den Kindern sieht. Das mag Ihnen gefallen oder nicht, leider können Sie mit Ihrem Hund über diesen Punkt nicht diskutieren: Sie müssen es hinnehmen. Der Hund ist schneller erwachsen als Ihre Kinder und das merkt er genau. Aus diesem Grunde sollten Eltern nicht zulassen, dass Kinder den Hund herumkommandieren (und sie tun es tatsächlich fast alle: Sie würden sich wundern, wie viele Kinder an Hunden den Ton und die Erzieherei abreagieren, die sie selber zu hören bekommen. Der Spiegel, den man in diesen Momenten vor das eigene Gesicht gehalten bekommt, ist überdeutlich).

Wenn der Hund also mit Kindern zusammenleben soll, ist es ratsam, sich einen Züchter zu suchen, bei dem die Welpen mit Kindern in einem Haushalt aufwachsen.

Dann wird der Jack Russell ein fabelhafter Freund für größere Kinder: Niemals zu stark oder zu schwer, um von Kindern an der Leine geführt zu werden, ist er ein nimmermüder Frisbeeoder Fußballpartner, ein Abenteuerkumpel, der mit Begeisterung Ausgrabungen von Piratenschätzen mitmacht und sich wunderbar an feindliche Indianerstämme anschleicht. Dass es in diesem Alter nichts Gemütlicheres gibt, als mit dem eigenen Hund im Bett zu schlafen, müssen wiederum nur die Eltern lernen. Kind und Hund wissen das schon.

Eine lange Partnerschaft

Man stellt sich seinen Jack Russell Terrier meistens als spaßigen, wilden, verspielten Frechdachs vor, der mit aller jugendlichen Kraft durchs Haus tobt. Genauso wird er auch sein, solange er jung ist. Mit dem Kauf Ihres Jack Russells übernehmen Sie allerdings eine lebenslange Verantwortung, die Sie durch Welpen- und Flegeljahre hindurch tragen, durch seine besten Jahre und hoffentlich bis in sein hohes Alter. Sind Sie bereit, den Hund 12 bis 14 Jahre als Familienmitglied aufzunehmen? Falls nicht, sollten Sie sich einen Hund gar nicht erst anschaffen.

Bis ins hohe Alter

Es ist auch nicht auszuschließen, dass Ihr Jack Russell im Alter gesundheitliche Probleme bekommt, steif, blind oder senil wird. In jedem Fall wird er aber sein Leben lang Ihr »Hundsfreund«, Ihr Partner durch die Hagelstürme des Lebens bleiben, der vollkommen von Ihnen abhängig ist, von Ihrer Zuneigung, Ihrer Versorgung und Ihrer Pflege. Überlegen Sie sich das gut: Eines Tages werden die Spaziergänge mit Ihrem Hund vielleicht sehr langsam für Sie, weil Ihr Jack Russell einfach nicht schneller kann, und es wird auch nichts nützen, ihn zur Eile anzutreiben. Er wird vielleicht ein bisschen durcheinander, unduldsamer mit den Kindern und will möglichst in Ruhe gelassen werden: wie manche alten Leute eben auch. Jedenfalls wird er nicht erwarten, dass Sie ihn vernachlässigen, nur weil er nicht mehr so schnell und vergnügt ist wie früher. Ein gut versorgter Jack Russell Terrier wird durchschnittlich etwa zwölf bis vierzehn Jahre alt. Ab etwa dem achten, neunten Lebensjahr werden Sie bemerken, wie seine Möglichkeiten nachlassen. Er könnte Arthrose ent-

Niedlich, aber nicht ohne: Mit diesem Frechdachs an Ihrer Seite wird Ihr Leben nie mehr so sein wie vorher.

Wer den Jack Russell einmal von seiner besten Seite erlebt hat, verfällt der Rasse wie einem Virus. Wenn Sie selbst aktiv und unternehmungslustig sind, ist er der richtige Hund für Sie.

wickeln oder blind werden, er könnte schon früher oder später ein Opfer seines Temperaments werden und einen Unfall haben. Seine Lebensqualität könnte irgendwann infrage gestellt werden und Sie müssen entscheiden, ob größere Maßnahmen notwendig und sinnvoll sind, um sein Leben zu seinem oder Ihrem Vorteil zu verlängern. Die Entscheidung sollte immer zum Wohle des Hundes ausfallen – Sie werden ihn nun einmal früher oder später verlieren. Wenn die Zeit kommt und Ihr Tierarzt Ihnen erklärt, dass Ihr Hund leidet und sich nicht mehr erholen wird, ist die menschlichste Methode, ihn zu erlösen, ihn einzuschläfern. Es ist eine schwierige, traurige Entscheidung, die Sie da treffen müssen. Versuchen Sie, Ihren Tierarzt zu überreden, diese letzte Spritze bei Ihnen Zuhause zu geben, ohne Hektik in seinem gewohnten Umfeld und in seinem Körbchen. Das haben Sie und er verdient.

Das tägliche Leben

Trotz aller Warnungen vor diesem niedlichen aber auch anstrengenden und vorlauten Hund: Wollen Sie immer noch einen Jack Russell Terrier? Dann gibt es noch einige andere Dinge zu bedenken.

Hundehaltung erlaubt?

Ist die Haltung von Hunden und Katzen in Ihrer Wohnung erlaubt? Selbst, wenn in Ihrem Mietvertrag das ausdrückliche Verbot steht, kann das einfach ein Standard-Mietvertrag sein und mit Ihrem Vermieter ist über diesen Passus durchaus zu reden. Hat Ihr Vermieter das Halten von Hunden und Katzen allerdings ausdrücklich verboten, vergessen Sie die Idee, sich einen Hund anzuschaffen. Setzen Sie sich nicht über Ihren Vermieter hinweg: Er hat zum Schluss den längeren Arm, und das geht nur auf Kosten Ihres Hundes, oder Ihrer Wohnung.

Der Jack Russell ist ein beliebter Reiterhund, ungeachtet der Tatsache, dass er bei Ausritten gerne seine eigenen Wege geht.

Leben andere Tiere im Haushalt?

Die meisten Jack Russell werden keinen Spaß verstehen mit dem geliebten Familienmeerschweinchen und das kann man ihnen nicht einmal übel nehmen: Seit Jahrhunderten dafür gezüchtet, kleines Raubzeug aus ihren Bauten auszugraben und ihnen den Garaus zu machen, wird es einige Mühe kosten, den familieneigenen Haus-und-Sofa-Jack-Russell davon zu überzeugen, dass seine genetischen Voraussetzungen in diesem Fall nicht gefragt sind: Im Zweifelsfall müssen Sie damit rechnen, dass die Natur irgendwann über Ihren Jack Russell siegt und dementsprechend Ihr Kaninchen, Ihr Meerschweinchen oder Ihre Wüstenspringmaus verliert. Und das wäre doch schade.

Zeit und Nerven muss man haben ...

... wenn man sich einen Jack Russell anschaffen möchte. Der Jack Russell Terrier ist kein Hund, den man einfach sechs, acht Stunden allein lassen kann, während man sich im Büro tummelt: Ein einsamer Jack Russell wird unglücklich und zerstörerisch und auch Sie werden auf die Dauer sehr unglücklich, weil Ihre Wohnung so zerkaut und zernagt nicht wieder zu erkennen sein wird. Wenn Sie also tagsüber nicht zu Hause sind, ist der Jack Russell ganz sicher nicht der richtige Hund für Sie, und sowieso sollten Sie den Traum vom Hund aufgeben: Kein Hund ist gerne allein, nur manche leiden stiller. Der Jack Russell jedenfalls nicht. Sollten Sie die Erlaubnis bekommen, ihn ins Büro mitzunehmen, seien Sie darauf gefasst, dass Ihr Büroalltag sich verändert. Ihre Konzentration auch. Aber vielleicht wird es lustiger.

Ihre Nerven werden ab jetzt ganz sicher beansprucht. Junge Hunde müssen dreimal am Tag gefüttert werden, müssen alle drei Stunden nach draußen, erbrechen sich immer nur auf den teuersten Teppichen und untersuchen leere Thunfischdosen auf dem hellen Sofa. Und man muss immer darauf gefasst sein, dass das eine oder andere Stuhlbein trotz permanenter Unterhaltung des neuen Familienmitglieds früher oder später daran glauben wird.

Was kostet ein Jack Russell?

Hunde sind teuer. Der Kaufpreis des Hundes ist nur ein Teil der Kosten,

Die Reisetasche für den Hund
- Leine und Halsband
- Wasser- und Futternapf
- Decke beziehungsweise Kissen
- Lieblingsspielzeug
- Futter
- Impfpass
- Eventuell Maulkorb (Pflicht für Hunde in Ländern wie Italien und Spanien)

der mit der Ankunft des Hundes auf Sie zukommt. Für einen Hund zahlt man Hundesteuer – die je nach Stadt unterschiedlich teuer ist – und es kommen Tierarztkosten auf Sie zu, Haftpflichtversicherung und natürlich Futterkosten. In den Ferien müssen Sie dann eventuell noch mit Reisekosten für Ihren Hund rechnen.

Reisen Sie viel?

Ihr Jack Russell will natürlich immer dort sein, wo Sie sind. Wenn Sie verreisen, will er möglichst dabei sein, und seine geringe Größe macht die ganze Angelegenheit auch relativ einfach. Wenn Sie viel reisen und sich vorstellen können, Ihren Hund mitzunehmen, ist der Jack Russell also durchaus ein geeigneter Reisepartner für Sie.

Der Jack Russell auf Reisen

Wenn Sie im Auto reisen, sollten Sie entweder einen Hundesicherheitsgurt verwenden, oder, wenn der Hund auf der hinteren Ladefläche mitfährt, ein Gitter oder Netz einbauen, damit er Ihnen im Falle eines Aufpralls nicht wie eine kleine Kanonenkugel durchs Auto fliegt. Nehmen Sie eine Wasserflasche und einen Napf mit, eine Küchenrolle, falls ihm während der Fahrt schlecht wird und ein paar Hundekuchen, wenn die Fahrt länger dauert. Lassen Sie ihn niemals im heißen Auto warten: Zu viele Hunde erleiden jedes Jahr auf diese Weise einen Hitzschlag. Wenn es sehr kalt ist und Sie den Hund im Auto lassen müssen, packen Sie ihn in eine Decke ein. In Zügen der Deutschen Bundesbahn reist der Hund umsonst, solange er in einer Tasche sitzt, sonst bezahlt er den halben Fahrpreis. Eine Kinderfahrkarte braucht er übrigens auch in öffentlichen Straßenverkehrsmitteln. Auf innerdeutschen Flügen fliegt der Jack Russell, in eine Tasche verpackt, die immerhin noch unter den Vordersitz passen muss, umsonst. Wenn er allerdings mehr als sechs Kilo wiegt, muss er in einer Flugbox im Bauch des Flugzeugs fliegen, wobei dieser Raum übrigens entgegen aller Geschichten von vor-vorgestern beleuchtet und geheizt ist und dort Druckausgleich herrscht. Auf internationalen

TIPP

Für lange Zug- oder Autofahrten unbedingt eine Flasche mit Wasser und einen – kleinen, Platz sparenden – Wassernapf so einpacken, dass er unterwegs für Sie erreichbar ist.

Flügen kostet der Hund normalerweise eine »Übergepäcksgebühr«, wobei es zum Beispiel nicht möglich ist, den Hund nach England mitzunehmen – dort ist die Angst vor Tollwut so groß, dass es eine sechsmonatige Quarantänezeit gibt.
In den übrigen Ländern reicht normalerweise der übliche Impfpass aus, in dem nachgewiesen ist, dass der Hund rechtzeitig gegen Tollwut geimpft wurde.

Wenn Sie Ihren Hund nicht mitnehmen können ...

... bietet es sich zuerst an, ihn bei Freunden oder Verwandten unterzubringen, die er möglichst schon kennt. Erkundigen Sie sich auch schon vor dem Kauf des Hundes, wer ihn gegebenenfalls im Urlaub nehmen würde. Ist der Hund später Schuld an einem verschobenen oder gestrichenen Urlaub, wird sich zu Unrecht Ihr Frust über ihm entladen.

Mit Körbchen und Co. zu Verwandten

Haben Sie einen Freund, der den Hund während der Urlaubszeit betreut, ist es am besten, er wird von zu Hause abgeholt, weil dann Fahrt und Umstellung ein reines Abenteuer sind. Im Falle, dass man ihn bei den Freunden abliefert, besteht sonst leicht die Gefahr, dass er sich beim Anblick der fremden Haustür immer wieder daran erinnert, dass er hier an dieser Stelle das letzte Mal sein Frauchen/Herrchen gesehen hat (»wo sind

TIPP

Für Reisen lohnt sich die Anschaffung einer Roll-Automatik-Leine: In manchen Gegenden kann man den Hund einfach nicht ohne Leine laufen lassen, und so bekommt er trotzdem genügend Freiraum.

sie nur...«). Jedenfalls macht er diesen Ausflug zur Verwandtschaft mit seinem eigenen Bett, seinen eigenen Futternäpfen und seinem Lieblingsspielzeug und wenn man den Freunden oder Verwandten das übliche Futter nicht schon portionsweise vorher mitgibt, dann haben sie wenigstens genaueste Anweisungen, was das Hündchen üblicherweise zu fressen bekommt: Sie wollen bei aller Umstellungsunruhe doch nicht auch noch für Magengrimmen und die damit zusammenhängenden Auswirkungen sorgen.

Sind alle Tanten und Freunde verreist ...

... oder unpässlich, bietet es sich an, den Hund in einer Hundepension unterzubringen. Erkundigen Sie sich bei Ihrem Tierarzt, Züchter oder Hundefreunden nach Empfehlungen und wenn die nicht weiterhelfen können, sehen Sie im Branchenbuch nach oder in den Anzeigen der Tierzeitschriften. Sehen Sie sich die Pension genau an: Sind die Hunde sauber untergebracht, haben sie Kontakt zu anderen Hunden, werden sie spazieren geführt, oder bleiben sie einfach für die Dauer Ihrer Ferien im Zwinger sitzen, um sich dort zu Tode zu langweilen? Achten Sie darauf, dass die Pension den Impfnachweis Ihres Hundes – und damit nämlich aller anderen auch – verlangt, inklusive Zwingerhusten und sich für die besonderen Bedürfnisse oder Ticks Ihres Hundes interessiert. Beobachten Sie genau, ob das Personal (auch das, was nicht direkt neben Ihnen steht) freundlich und aufmerksam mit den ihnen anvertrauten Hunden umgeht.

Er möchte sowieso am liebsten dort sein, wo seine Familie ist und mit seiner kompakten Größe ist der Jackie ein guter Reisehund.

WAS FÜR EINER SOLL ES DENN SEIN?

SIE HABEN SICH ENTSCHIEDEN: ES SOLL ALSO EIN JACK RUSSELL TERRIER SEIN, DER VON NUN AN DURCH IHR LEBEN TOBT. ABER WOHER NEHMEN UND WIE LÖSEN SIE DAS PROBLEM DER QUAL DER WAHL? SCHLIESSLICH SIND ALLE JACK RUSSELL SEHR INDIVIDUELLE PERSÖNLICHKEITEN.

Wo bekommen Sie Ihren Jack Russell Terrier?

Idealerweise kaufen Sie Ihren Jack Russell Terrier bei einem anerkannten Züchter, dessen Adresse Sie über den VDH (Verband für das Deutsche Hundewesen e.V.) erfragen können. Das heißt natürlich nicht, dass es nicht auch gute Züchter gibt, die dem VDH nicht angehören, oder dass man nicht auch einen gesunden, fröhlichen Jack Russell Welpen durch Kleinanzeigen finden kann, gezogen von Leuten, die vielleicht nur ab und zu Welpen haben, weil ihnen ihre Hündin gut gefällt und die das ganze Vereinsgemeiere ablehnen.

Jeder Hund hat seine eigene Persönlichkeit, aber in einem sind alle Jackies gleich: Sie sehen alles, hören alles und wollen alles wissen.

Der Vorteil allerdings, einen Welpen von einem Züchter zu kaufen, ist, dass er normalerweise daran interessiert ist, die Rasse bestmöglich weiterzuentwickeln und darauf achtet, wirklich nur gute Vertreter der Rasse miteinander zu verpaaren. Das vermindert die Möglichkeit von Erbkrankheiten, verringert die Gefahr, einen überaggressiven, nervösen oder hysterischen, also nicht »wesensfesten« Jack Russell-Welpen zu erstehen.

Augen auf!

Lassen Sie sich beim Kauf Ihres Welpen Zeit und gucken Sie sich um. Ein guter Züchter wird Ihnen auf jeden Fall Mutter und Geschwister, in Glücksfällen auch den Vater oder die Großeltern der Welpen zeigen. Er kennt die Welpen genau, weil er sich vom ersten Tag an intensiv mit ihnen beschäftigt hat, und kann einigermaßen beurteilen, welcher Hund mit welchem Temperament am besten zu Ihnen passen würde.

Ein guter Züchter nimmt übrigens normalerweise seinen Welpen von Ihnen zurück, sollte irgendein Unglück passieren (Haus brennt ab, Sie entwickeln plötzlich eine Allergie, Sie lassen sich scheiden, Sie müssen unvermutet nach England oder Hawaii ziehen).

Sehen Sie sich beim Züchter um: Die Welpen sollten in sauberer Umgebung gehalten werden, der man trotzdem ansieht, dass sich hier junge Hunde aufhalten (Stuhlbeine sind, wenn schon nicht angenagt, wenigstens sanft zerkratzt, der Teppich weist eine Menge handtellergroße Flecken auf, oder der Boden ist mit Zeitungspapier ausgelegt und es liegen unübersehbar Hundespielsachen herum). Sollten Ihnen der Züchter oder seine Hunde nicht gefallen, kaufen Sie auch keinen seiner Welpen, weder aus Höflichkeit, noch aus Mitleid. Mitleidskäufe machen einen meistens nicht glücklich, ziehen oft horrende Tierarztrechnungen nach sich oder einen hysterischen oder ängstlichen Hund, mit dem man seines Lebens nicht wirklich froh wird.

Welcher darf es denn sein?

Sich aus einem Haufen Welpen den einzigen, wahren, echten, den Freund für die nächsten dreizehn, vierzehn Jahre auszusuchen, ist eine der wundervollsten und aufregendsten Beschäftigungen, die es auf der ganzen Welt gibt. Jeder einzelne ist hinreißend, jeder einzelne ist einzigartig, also lassen Sie sich, wie gesagt, vom Züchter helfen.

Rassemerkmale beachten

Der Jack Russell Terrier sollte lebendig und aktiv sein und eine wachsame Erscheinung präsentieren. Von seiner Veranlagung her sollte er ausgeglichen und furchtlos sein. Nervosität, Feigheit und Überaggressionen sind kein Zeichen von Mut und Selbstsicherheit. Die Eigenschaften und den Instinkt eines arbeitenden Hundes sollte er auch ohne Jagdausbildung beibehalten.

Es kann immer sein, dass Ihr Jack Russell nicht allen Anforderungen des Rassestandards entspricht, aber ein passendes Temperament, seine Freundlichkeit und Aktivität macht

Kaum zu glauben, dass aus diesem Winzling mal ein wilder, verspielter Quatschkopf wird, der Sie zu Spaziergängen in Sturm, Eis und Schnee zwingt.

Rassestandard

Allgemeines Erscheinungbild:
Arbeitsfreudig, lebhaft, wendig; für Schnelligkeit und Ausdauer gebaut. **Charakter:** Im wesentlichen ein Gebrauchsterrier, mit Jagdfähigkeit und dem zur Arbeit im Bau geeigneten Körperbau.

Wesen: Unerschrocken und freundlich.

Kopf und Schädel: Flach, mäßig breit, zu den Augen hin allmählich schmaler werdend. Flacher Stopp. Die Entfernung vom Nasenspiegel zum Stopp sollte ein wenig kürzer sein als die vom Stopp zum Hinterhauptbein. Nase schwarz.

Augen: Mandelförmig, ziemlich tiefliegend, dunkel, mit lebhaftem und durchdringendem Ausdruck.

Ohren: Klein, v-förmig, nach vorne fallend, dicht am Kopf getragen, die Falte nicht über der dem höchsten Punkt des Schädels liegend.

Fang: Kräftige Kiefer, muskulös. Perfektes, regelmäßiges und vollständiges Scherengebiss, wobei die obere Schneidezahnreihe ohne Zwischenraum über die untere greift und die Zähne senkrecht im Kiefer stehen.

Hals: Klar umrissen, muskulös, von guter Länge, sich zu den Schultern hin allmählich verstärkend.

Vorderhand: Schultern lang und schräg, gut zurückliegend, klar umrissen am Widerrist. Kräftige Läufe, die gerade sein müssen, mit Gelenken, die weder nach außen noch nach innen drehen. Ellenbogen am Körper anliegend, an den Seiten frei beweglich.

Körper: Brustkorb von mäßiger Tiefe, hinter den Schultern von zwei durchschnittlich großen Händen zu umfassen. Rücken kräftig und gerade. Lende leicht gewölbt. Harmonisch. Die Länge des Rückens vom Widerrist zum Ansatz der Rute ist gleich der Höhe vom Widerrist zum Boden (Hund länger als hoch).

Hinterhand: Kräftig, muskulös mit guter Wirkung und Beugung des Kniegelenks.

Hintermittelfuß kurz und parallel, viel Schub bewirkend.

Pfoten: Kompakt mit widerstandsfähigen, derben Ballen, weder nach innen noch nach außen gedreht.

Rute: Kräftig, gerade, hoch angesetzt. Bei Jagdgebrauchshunden ist sie auf eine zum Körper passende Länge kupiert, die einen festen Zugriff mit der Hand ermöglicht.

Gangwerk/Bewegung: Frei, lebhaft, harmonisch. Gerade im Kommen und Gehen.

Haarkleid: Von Natur aus harsch, anliegend und dicht, rau oder glatt. Bauch und Unterseiten behaart. Die Haut muss dick sein und locker anliegen.

Farbe: Die Grundfarbe muss Weiß sein mit lohfarbenen, schwarzen oder braunen Flecken bzw. Abzeichen.

Größe: Ideale Widerristhöhe des Rüden 35 cm, der Hündin 33 cm. Für eine vorerst nicht begrenzte Übergangszeit sollte die Widerristhöhe für Rüden und Hündinnen 26 cm nicht unterschreiten. Die den Idealmaßen nicht entsprechenden Hunde werden aus diesem Grund bei der Bewertung auf Ausstellungen nicht benachteiligt und können ohne Einschränkungen in der Zucht Verwendung finden.

Hoden: Rüden sollten zwei offensichtlich normal entwickelte Hoden aufweisen, die sich vollständig im Hodensack befinden.

Charakteristik: Der Jack Russell Terrier muss lebendig und aktiv sein und eine flinke, wachsame Erscheinung präsentieren. Er soll eine ausgeglichene und furchtlose Veranlagung haben und die Eigenschaften und den Instinkt eines arbeitenden Hundes beibehalten. Nervosität, Feigheit und Überaggressionen sind kein Zeichen von Mut und Selbstsicherheit. Der Jack Russell Terrier sollte immer vertrauensvoll erscheinen.

Jede Abweichung von den vorgenannten Punkten wird als Fehler angesehen, dessen Bewertung im genauen Verhältnis zum Grad der Abweichung stehen sollte.

ihn nicht zu einem weniger großartigen Hund und wundervollen Freund durch alle Lebenslagen.

Der Rassestandard für den Jack Russell Terrier – der für Sie bei der Auswahl des Hundes nur eine Richtlinie sein sollte – wurde 1990 vom FCI, dem Internationalen Dachverband der Hundezüchter, festgelegt und beschreibt den idealen Jack Russell Terrier. Dies beinhaltet den idealen Körperbau, Charakter und Temperament, Gangwerk und Typus: also alle Aspekte des Hundes. Weil der Standard also ein ideales Exempel beschreibt, beruht er nicht auf irgendeinem bestimmten Hund. Der Rassestandard ist ein Konzept, das

Richter auf Hundeausstellungen benutzen, um Hunde einer Rasse miteinander zu vergleichen, und Züchter, um ihre Hunde einem bestimmten Zuchtziel möglichst anzugleichen. Auf einer Hundeausstellung gewinnt der Hund, der nach Meinung des Richters dem Standard am nächsten kommt. Rassestandards werden vom Klub des Ursprungslandes der Rasse – beim Jack Russell also England – erstellt und von den Klubmitgliedern abgestimmt. Kein Tier kann diesen Standard in jedem Detail erfüllen, aber die meisten Züchter bemühen sich, dem Rassestandard mit ihren Hunden möglichst nahe zu kommen. Die Größe unter den Jack Russell variiert immer noch beträchtlich, weil acht Jahre seit Festlegung des Standards ja relativ wenig sind. Um die Größe zu festigen, dürfen Jack Russell, die den Idealmaßen nicht entsprechen, auf Ausstellungen nicht benachteiligt werden.

Dumme Fragen

Wundern Sie sich nicht, wenn Ihr Züchter Ihnen viele Fragen stellt, die Sie sich von Ihrer direkten Verwandtschaft niemals gefallen lassen würden, Fragen nach Ihrem Arbeits- und Freizeitleben, wie viele Stunden Sie zu Hause sind, wohin Sie in den Ferien fahren, ob Sie lange schlafen, ob Sie Ihre Wochenenden am liebsten im Bett verbringen, oder ob Sie ein Fahrrad besitzen. Ein guter Züchter ist daran interessiert, seine Welpen bestmöglich unterzubringen und braucht diese Informationen, um herauszufinden, welcher Hund am besten zu Ihnen paßt, oder ob seine Hunde überhaupt die richtigen für Sie sind. Trauen Sie Ihrem Züchter, wenn er Ihnen von einem bestimmten Welpen abrät und Ihnen bei einem anderen zuredet: Sie sind alle unwiderstehlich, aber er kennt sie am allerbesten und müßte es eigentlich wissen.

Fröhlich und verspielt ...

... sollten die Welpen sein (außer, sie haben sich gerade in den Schlaf der Erschöpften gespielt), ihre Augen sollen klar und glänzend sein und wie die Nase ohne Ausfluss, die Ohren sauber, Haut und Fell sauber, geschmeidig und ohne kleinere Wunden.

Die Welpen sollen angenehm riechen und dürfen keinen aufgeblähten Bauch haben – nicht zu verwechseln

So klein, ist ein
Welpe niedlicher als
der andere. Aber
auch wenn sie noch
so hinreißend sind:

Wenigstens bis zur
achten Woche müs-
sen die Welpen
noch bei ihrer Mut-
ter bleiben.

ben. Zu dieser Zeit müssen die Welpen bereits drei Entwurmungen und
ihre erste Impfung hinter sich haben.

Welpe oder erwachsener Hund?

mit dem Kullerbauch, den sie alle
nach dem Fressen haben: Ein Ballon-
bauch weist normalerweise auf Wurm-
befall hin. Das Gebiss sollte gerade
und intakt sein, und beim Rüden
sollten beide Hoden fühlbar sein.
Normalerweise werden die Welpen
zwischen 8 bis12 Wochen abgege-

In der Regel kauft man sich einen
Welpen. Manche Züchter haben aber
auch halbwüchsige Jack Russell ab-
zugeben, die aus ganz harmlosen
Gründen zurückgegeben wurden, oder
haben einen behalten, der versprach,
ein guter Zuchthund zu werden und
der dann doch nicht ganz so hervor-

Hinweis

Seit dem 1.6.1998 ist das Kupieren der Ruten aller Hunde in Deutschland verboten. Ausnahmen gelten nur für jagdlich geführte Hunde, die sich bei der Arbeit im Bau die Rute verletzen könnten. Inzwischen wird an einem weiteren Erlass gearbeitet, der vorsieht, dass Hunde, die nach diesem Erlass geboren wurden, auf internationalen Ausstellungen nicht mehr zugelassen werden, wenn sie aus einem Land kommen, in dem Kupierverbot besteht (wie außer Deutschland etwa Holland und Dänemark).

ragend in der Statur wurde oder etwas zu kleine Ohren oder sonstetwas hat, was ihrer Liebe keinen Abbruch tut. Manche Leute müssen ihren Hund beispielsweise weggeben, weil sich innerhalb der Familie eine Allergie entwickelt hat. Einen erwachsenen Jack Russell Terrier statt eines

Welpen zu sich zu nehmen, kann Vorteile haben. Wie Sie mit ihm umgehen und wie schnell er sich eingewöhnt, kommt darauf an, was Sie über sein Vorleben herausfinden können. Kommt er aus einem liebevollen, angenehmen Haushalt, in dem er umsorgt und ernst genommen wurde, kann das Leben mit dem neuen Familienmitglied relativ normal weiterlaufen. Er ist gewöhnlich stubenrein, hat so etwas wie eine Grunderziehung genossen und man muss weniger auf ihn Rücksicht nehmen, als auf einen winzigen Welpen. Er ist konditionsmäßig stabiler, man kann ihn beispielsweise mitnehmen ohne Gefahr zu laufen, ihn zu überfordern, und er kann auch schon ein paar Stunden alleine bleiben. Es kann sein, dass er sich einem Familienmitglied spontan anschließt, das ihn an seinen früheren Herrn oder sein Frauchen erinnert, was nicht zu Eifersucht innerhalb der Familie führen sollte: Ihr neuer Jack Russell wird sich bald mit der ganzen Familie anfreunden. Wenn Sie einen erwachsenen Jack Russell zu sich nehmen, der ein traumatisches Erlebnis hatte –

Seit Juni 1998 ist das Kupieren von Hunden verboten. Ein gekringelter Schwanz, wie bei diesem jungen Jackie, wird also in Zukunft die Regel sein.

Kein Ballspiel und kein noch so langer Spaziergang können das ungeheure Vergnügen ersetzen, mit Artgenossen toben zu dürfen.

beispielsweise misshandelt oder ausgesetzt wurde –, brauchen Sie besondere Geduld, Verständnis und Toleranz. Er hat Schmerz erfahren, bevor er zu Ihnen kam, wahrscheinlich durch die Hände eines Menschen, und wird deshalb eine Weile brauchen, bis er Ihnen vertraut. Ihre einzige Möglichkeit ist es, Ihrem neuen Hund mit viel Liebe, Vorsicht und Ruhe zu begegnen und genau zu beobachten, ob er vor bestimmten Geräuschen oder Bewegungen besondere Angst hat. Ihre Bemühungen werden einige Monate andauern, Sie werden manchmal frustriert und mutlos werden, aber mit einigem Durchhaltevermögen wird Ihr Jack Russell langsam ein normaler Hund werden, mit dem Charme und der Persönlichkeit dieser Rasse.

Rüde oder Hündin?

Diese Gretchenfrage verfolgt Hundehalter ihr Leben lang. Manche, die versehentlich mal eine Hündin hatten, schwören daraufhin ihr Leben lang auf Hündinnen, während anderen gar nichts anderes als ein Rüde ins Haus kommt. Meistens sind Hündinnen etwas weicher und anschmiegsamer, als Rüden. Oft sind sie weniger dominant. Manchmal sind sie etwas leichter zu erziehen. Tatsache ist, dass sie zweimal im Jahr läufig werden, und man zu dieser Zeit das Pech haben kann, die gesamte hündische Nachbarschaft vor der Haustür versammelt zu finden, die einem dann bei allen Spaziergängen mit der begehrten Dame im Tross folgt. Tatsache ist allerdings auch, dass Rüden das ganze

So ein matschiger Gummistiefel riecht nach Freiheit, Aufregung und Abenteuern und ist eins der wichtigsten Accessoires eines Terrierbesitzers.

Jahr über auf Freiersfüßen sind, manche mehr, manche weniger. Es gibt Rüden, die solche Casanovas sind, dass sie nichts unversucht lassen, um zu ihrer Angebeteten zu gelangen, und ihnen kein Zaun zu hoch, keine Tür dick genug, keine Entfernung zu weit ist. Sie heulen nächtelang, laufen bei jeder Gelegenheit weg und verweigern das Futter. Rüden dieser Art wird übrigens durch eine Kastration sehr geholfen, auch besonders aggressiven Vertretern ihrer Art.

Nur einen oder gleich zwei?

Welpen sind so hinreißend, dass man am liebsten den gesamten Wurf mit nach Hause nehmen möchte. Grundsätzlich ist das auch keine schlechte Idee: Das Hundekind hat sein vertrautes Geschwister, jemanden zum Spielen und überhaupt ist doch der Spaß so doppelt. Oder? Bei manchen Hunden ist die Haltung zu mehreren überhaupt kein Problem. Der Jack Russell allerdings ist ein Wildling, der sowieso dazu neigt, sehr eigenständig zu handeln. Bei der gleichzeitigen Anschaffung von mehreren multipliziert man nicht nur das Hundevergnügen, sondern auch die Probleme. Mehrere Hunde sind immer ein Rudel, die den Menschen weniger brauchen, also sich auch weniger auf ihn einstellen und ihm weniger gut gehorchen, sollte ihr Geschwister gerade eine bessere Idee haben.

Die gleichzeitige Erziehung mehrerer Hunde ist ein Projekt, dem der Laie kaum gewachsen ist: Man sollte sich in der Erziehung immer nur mit einem Hund befassen und die anderen außer Sichtweite halten, was also bei der Haltung von mehreren Hunden bereits ein Zeitproblem birgt. Hat einer der Hunde einen ausgeprägten Jagdinstinkt, wird er die anderen mitziehen und man wird nie wieder ohne Leine spazieren gehen können, ohne die berechtigte Wut aller Förster und Jagdpächter auf sich zu ziehen. Man wird mitten im Winter fremde Menschen um Spaten bitten müssen, um seine Hunde aus Fuchsbauten auszugraben, und überhaupt

denken sie sich zu mehreren schneller Unsinn aus, als Sie als Hundehalter blinzeln können.

Vor der Ankunft einkaufen gehen

Mit dem Geldausgeben für den Hund geht es schon los, bevor er ins Haus kommt. Kaufen Sie in Ruhe vor der Ankunft Ihres Hundes ein – ist er erst da, ist die Zeit knapper. Und denken Sie auch an die richtige Kleidung. Legen Sie sich gut passende Gummistiefel zu, damit es keine Ausreden und keine nassen Füße gibt. Schließlich wollten Sie ja einen sportlichen Wind- und Wetterhund.

Hundekorb
Ihr Hund wird einen festen Schlafplatz brauchen. Kaufen Sie einen Hundekorb oder eine Liegeschale und lassen

Einkaufsliste
- Korb oder Liegeschale
- Waschbares Kissen oder eine Decke
- Wasser- und Futternapf aus spülmaschinen festem Material
- Halsband und Leine
- Adresshülse
- Verschiedene Spielsachen
- Drahtbürste
- Pinzette
- Zeckenzange

Sie sich von Ihrem Händler bezüglich der Größe beraten. Mit einem waschbaren Kissen oder einer Decke ist der Schlafplatz dann perfekt.

KASTRATION

Beim Thema Kastration/Sterilisation scheiden sich immer noch gerne die Geister, wobei die Kastration der Sterilisation in jedem Fall vorzuziehen ist. Bei der Kastration werden dem Rüden die Hoden entfernt, der Hündin die Eierstöcke.

Man weiß mittlerweile, dass eine Hündin aus gesundheitlichen Gründen keineswegs »wenigstens einmal Junge haben sollte«. Allein in Berlin leben über 96 000 Hunde. Wenn die Hälfte davon Hündinnen wären, deren Besitzer sie wenigstens einmal sechs, acht Welpen bekommen lassen würde – dann gute Nacht, du schöne Republik. Den meisten Hündinnen wird durch eine Kastration ein Gefallen getan, weil sie nicht mehr zweimal im Jahr eine ziemlich gewaltige Hormonumstellung durchmachen müssen und die Gefahr von Milchleistenkrebs praktisch aufgehoben wird. Manche Rüden sind ausgesprochene Sexmonster und werden vor lauter Liebeskummer wirklich seelisch krank, hören nicht mehr auf ihren Herrn und sind zu nichts mehr zu gebrauchen: Auch ihnen wird durch eine Kastration nur geholfen. Das Leben mit besonders aggressiven Rüden wird vor allem ihren Besitzern durch eine Kastration unendlich erleichtert, weil Reizaussendung (steifer Angeber-Gang, Haare zur Bürste aufgestellt, Rute im rechten Winkel hoch gestellt) und Reizbeantwortung einfach nicht mehr stattfinden: Und plötzlich wird das Leben ruhig und entspannt, die Nachbarn grüßen wieder und jeder Tag ist ein Fest. Fett und träge wird durch Kastration übrigens auch niemand: Fett wird der Hund durch zu viel Futter und träge, weil man sich zu wenig mit ihm beschäftigt.

Futter- und Wassernäpfe

Wie auch immer ihr Design, sollten Futter- und Wassernäpfe so konstruiert sein, dass sie nicht umfallen können und möglichst nicht beim Fressen durch die gesamte Wohnung geschoben werden. Idealerweise sind sie aus Steingut oder haben Gummistopper am Boden, die das Rutschen verhindern.

Halsband und Leine

Außerdem braucht Ihr Jack Russell Terrier Halsband und Leine – bis er erwachsen ist, wird er wahrscheinlich zwei verschiedene Halsbandgrößen benötigen und wahrscheinlich das eine oder andere versehentlich zerkauen (weil Sie es herumliegen lassen haben, was kann der arme Hund dafür). Dasselbe gilt für die Leine, die ganz bestimmt zerkaut wird, wenn man sie herumliegen lässt oder versäumt, dem lieben Tier von vornherein mitzuteilen, dass diese Dinge kein Spielzeug sind. Am Halsband sollte eine Adressenhülse befestigt sein (möglichst eine wasserdichte aus Plastik). Für den Fall, dass Ihr Jack Russell einmal verloren geht, bekommen Sie ihn auf jeden Fall schneller zurück, wenn er seine Telefonnummer dabei hat. Man-

TIPP

Bevor Sie ein Hundespielzeug kaufen, überlegen Sie sich, ob es eventuell gefährlich werden könnte. Wenn es die geringste Chance dafür gibt, kaufen Sie es nicht.

che Eisenwarengeschäfte gravieren auch kleine Messingplättchen fürs Halsband, die für den Finder schneller und besser lesbar sind.

Spielsachen

Und dann sind da noch die wirklich notwendigen Spielsachen, die für den Hund eindeutig als seine Spielsachen zu erkennen sein sollen, keine alten Schuhe oder Socken: Hunde können nicht zwischen alten oder sehr wohl noch gebrauchsfähigen Dingen unterscheiden, und das kann zu Missverständnissen führen. Im Fachhandel gibt es eine reiche Aus-

wahl an Latex- und Gummispielsachen in den erstaunlichsten Formen und Farben, quietschend oder nicht, die nicht zernagt werden können. Taustücke, die man herrlich schütteln kann, dass sie einem um die Ohren fliegen und man gleich nebenbei den Totschüttel-Reflex üben kann.

Kaufen Sie Spielsachen für den Hund unter den gleichen Gesichtspunkten wie für kleine Kinder: Es muss unzerstörbar und unverschluckbar sein.

DAS LEBEN MIT DEM JACK RUSSELL

ENDLICH IST ES SO WEIT: SIE HOLEN IHREN JACK RUSSELL NACH HAUSE. WIE GUT SIE DIESEN TAG AUCH VORBEREITET HABEN, ER WIRD SEHR AUFREGEND FÜR SIE UND NOCH VIEL AUFREGENDER FÜR IHREN NEUEN HUND. DIE MEISTEN WELPEN GEWÖHNEN SICH OHNE AUFHEBENS UM, IHNEN WIRD DIE NEUE SITUATION VIEL MEHR HERZKLOPFEN VERURSACHEN.

Ist alles vorbereitet?

Bevor Ihr Jack Russell ankommt, sollten Sie entschieden haben, an welcher Stelle sein **Schlafplatz** stehen soll, wo er sich hauptsächlich aufhalten und was er brauchen wird. Als Schlafplatz eignet sich eine ruhige Ecke, in der es nicht zieht, möglichst in der Nähe des Geschehens, damit er Sie und Ihre Familie von seinem Platz aus im Auge behalten kann (meistens eignet sich hierfür am besten die Küche). Ist Ihr neuer Mitbewohner ein Welpe, der noch nicht stubenrein ist, bietet es sich an, ihn nachts in einem **Karton**, aus dem er nicht aussteigen kann, neben dem Bett zu platzieren. Sollte er unruhig werden und aufs Klo müssen, wachen Sie so sofort auf und können ihn schnell nach draußen bringen. Ein altes **Kinderställchen** ist eine wundervolle Angelegenheit, wenn man den Welpen einige Zeit lang unbeaufsichtigt lassen muss: Man baut dem Hund aus Decken und/oder Handtüchern ein kleines Nest in einer Ecke, stellt den Wassernapf hinein und gibt ein paar Spielsachen dazu – fertig ist der Hundezwinger. Informieren Sie sich bei Ihrem Züchter vor der Ankunft des Hundes, was für ein **Futter** der kleine Hund bisher zu fressen bekommen hat. Füttern Sie dieses Futter zu den bisherigen Futterzeiten des Hundekindes weiter. Wenn Sie Ihrem Hund ein anderes Futter geben möchten, gewöhnen Sie ihn langsam daran, indem Sie über einen Zeitraum von zwei Wochen immer mehr von dem bisherigen Futter mit der neuen Sorte ersetzen.

Jack Russell Terrier sind kleine Ganoven im Clownskostüm mit unendlicher Energie. Sie eignen sich am besten für aktive Leute.

Ist der Hund in seinem neuen Zuhause angekommen, wird er zunächst die Umgebung genau erkunden. Lassen Sie ihm dabei Zeit und bleiben Sie in seiner Nähe.

Die Fahrt nach Hause

Der große Moment ist also gekommen: Der neue Welpe, Ihr Hund, wird Ihnen endlich übergeben. Für den kleinen Hund ist dieser Moment mindestens so aufregend und überwältigend wie für Sie, nur aus ganz anderen Gründen: Wenigstens acht Wochen lang waren sein ganzes Universum seine Mama und seine Geschwister, immer die gleichen Gerüche, Geräusche und die gleichen Menschen. Was da jetzt auf ihn hereinbricht, findet er wahrscheinlich einigermaßen beunruhigend. Versuchen Sie also, dieses neue Abenteuer so unbedrohlich wie möglich zu gestalten. Auf der Fahrt nach Hause sitzt der Welpe am besten in einer Decke auf dem Schoß eines Beifahrers, der ihn streichelt und ruhig mit ihm spricht. Der Welpe wird wahrscheinlich eine Weile zittern und jammern, bevor er sich beruhigt, und es ist fast unmöglich, gleichzeitig zu fahren, den kleinen Hund zu beruhigen und seine eigene Aufregung im Griff zu halten, ohne schnurstracks an die nächste Leitplanke zu fahren. Nehmen Sie eine Rolle Küchenpapier mit auf die Fahrt, falls sich der junge Hund erbrechen muss oder nicht deutlich mitteilt, dass er aufs Klo muss.

Zu Hause angekommen

Wenn Sie zu Hause von aufgeregten, gespannten Kindern begrüßt werden, erklären Sie ihnen vorher, möglichst nicht zu laut und unruhig zu reden und sich nicht darum zu streiten, wer den kleinen Hund zuerst auf den Arm nehmen darf. Der Welpe sollte als erstes in die Küche gebracht werden, in der es warm und gemütlich ist, sein neuer Schlafplatz, Wasser und Futter bereitstehen und keine Katastrophe ausbricht, wenn er eine Pfütze auf den Fußboden macht. Wenn er ängstlich wirkt, lassen Sie ihn in Ruhe, aber bleiben Sie bei ihm. Wenn er spielen will, spielen Sie. Er wird bald so mutig und aufgeweckt, wie er es in seinem alten Zuhause war.

Nach der ersten Aufregung wird der Welpe schlafen wollen. Zeigen Sie ihm seinen Korb und lassen Sie ihn schlafen, so lange er will: Er ist noch ein Baby und braucht seinen Schlaf.

Die ersten Tage

Sorgen Sie für Spiel und Ruhe. Gehen Sie nicht mit dem Winzling spazieren, sondern bringen Sie ihn gleich nach dem Aufstehen und dem Fressen immer an die gleiche Stelle, damit er sich dort löst. Wenn Sie einen Garten haben, umso besser, dann

> **TIPP**
>
> **Ihr Jack Russell Welpe wird sich in seinem neuen Zuhause sicherer fühlen, wenn er irgendetwas aus seiner Kinderstube bei sich hat: Ein Spielzeug, ein Laken oder eine Decke, die nach den Geschwistern riecht und damit eine beruhigende Wirkung in der fremden neuen Welt haben.**

kann der Welpe selber entscheiden, wie viel er laufen möchte, und wie weit er sich von Ihnen entfernt. Spaziergänge sind noch zu viel für den kleinen Hund: Bisher war sein Kosmos sehr klein, lassen Sie es noch für eine Weile dabei.

In den ersten paar Tagen sollten Sie Ihren Welpen genau beobachten um sicherzugehen, dass er sich ganz normal verhält. Achten Sie auf kleine reisförmige Körner in seinem Stuhl, die auf Spulwürmer hinweisen, was

Kein Stock zu dick, kein Sprung zu hoch. Es gibt keine Herausforderung, die sich der Jack Russell nicht mit Eifer stellen würde.

SPIELEN

Beim Spielen mit Ihrem Hund gilt keine Demokratie und keine Gerechtigkeit. Sie sind und bleiben stets der Sieger, alle Spielsachen gehören Ihnen, Sie bestimmen, wann das Spiel vorbei ist und Sie räumen die Spielsachen an Orte, die Ihrem Hund nicht zugänglich sind: Das etabliert Sie immer wieder als Alpha-Hund, als Rudelführer und macht die Spielsachen immer wieder interessant – anders, als wenn sie immer herumliegen und damit langweilig werden.

bei jungen Hunden keineswegs ungewöhnlich ist. Ihr Tierarzt wird Ihnen weiterhelfen. Hat Ihr Welpe Durchfall, gehen Sie sofort zum Tierarzt: Junge Hunde dehydrieren zu leicht, als dass man das auf die leichte Schulter nehmen könnte.

Machen Sie sich keine Sorgen, wenn Ihr Jack Russellkind durch sein Futter spaziert, in der Futterschüssel schlafen geht oder rückwärts geht, wenn er eigentlich nach vorne will: In diesem Alter ist die Motorik noch nicht ganz das, was sie mal werden soll. Wenn Ihnen irgendetwas komisch vorkommt, rufen Sie Ihren Züchter an. Dumme Fragen sind im Kaufpreis inbegriffen, und Ihr Züchter rechnet damit und will sowieso wissen, wie es dem Hündchen geht.

Die erste Nacht

Machen Sie sich darauf gefasst, dass die ersten Nächte wahrscheinlich ziemlich unruhig werden: Der Welpe ist zum ersten Mal in seinem kurzen Leben von seiner Mama, seinen warmen, gemütlichen Geschwistern und allen vertrauten Gerüchen getrennt und jetzt soll er plötzlich alleine und in völlig fremder Umgebung zur Ruhe kommen und schlafen?

Lassen Sie Ihren kleinen Jackie in der ersten Zeit nachts in einem hohen Karton neben Ihrem Bett schlafen, damit er Sie atmen hört und Sie bei Bedarf Ihre Hand beruhigend zu ihm strecken können. Nehmen Sie einen hohen Karton, damit er Sie wecken muss, falls er mal raus muss, denn

Entscheiden Sie genau in dieser Situation, ob Ihr Hund bei Ihnen im Bett schlafen darf: Ist er erst einmal drin, bekommen Sie ihn nie wieder raus.

Welpen machen normalerweise nicht in ihr eigenes Bett. Regt er sich während der Nacht sehr auf, legen Sie ihm eine Wärmflasche und einen tickenden Wecker in einer Decke in die Kiste, damit er zumindest die Illusion von einem warmen Körper mit Herzschlag hat.

Der Ernst des Lebens: Erziehung

In jeder Beziehung müssen Grenzen gesetzt werden, um ein Zusammenleben zu ermöglichen, so auch in der Hunde-Mensch-Beziehung. Erziehung ist der wichtigste Aspekt im Zusammenleben mit einem Hund: Ein gut erzogener Hund ist eine Bereicherung und ein echtes Vergnügen, ein schlecht erzogener, unzivilisierter Hund ein Albtraum, den man nur einsperren oder anbinden und für immer an der Leine halten muss. Ein solcher Hund kann später kaum einbezogen werden und bekommt womöglich noch neurotische Umgangsprobleme. Hunde sind Rudeltiere und wollen sich einem dominanten Rudelführer unterordnen – und das sind nun einmal Sie. Sie bestimmen, was wo wann geschieht. Hunde, die nicht wissen, wer ihr Boss ist, stellen sich selbst an die Spitze des Familien-Rudels oder verwildern. Das Befolgen einiger weniger Worte, die der Hund verstehen lernt, bringt dem Hund Anerkennung und Lob. Wer seinem Hund keine richtige Erziehung zukommen lässt, verweigert ihm die Erfüllung seiner gene-

**Gefahren
für den Welpen**
Gehen Sie vor der Ankunft des Welpen nochmal durch Haus und Garten, um mögliche Gefahrenquellen zu beseitigen.
Im Haus
• Reinigungsmittel
• Parfum, Rasierwasser
• Arzneimittel, Vitamintabletten
• Nadeln, Büroklammern, Schrauben, Nägel
• Scherben, Blechdosen, Plastikstücke
• elektrische Kabel
• Hühnerknochen
• Schokolade
In Garten und in der Garage
• Antifrostmittel
• Ratten- oder Mäusegift
• Dünger
• Mäusefallen

tischen Aufgabe – seinem Herrn zu gefallen. Weil wir unseren Hund lieben, möchten wir ihm so viel Freiheit lassen wie möglich, aber das geht nur, wenn er so gut erzogen ist, dass er nicht sofort auf die Straße rennt, Ihnen nicht wegläuft, keine Jogger jagt und keine kleinen Kinder ankläfft, nicht in die Wohnung pieselt und zuverlässig kommt, wenn Sie ihn rufen.

Konsequenz ist grundlegend wichtig
Terrier sind besondere Hunde, auch in punkto Erziehung. Sie sind temperamentvolle, mutige Wächter, die eine feste, konsequente, aber freundliche Hand brauchen. Wer sich Lässigkeit zum Prinzip machen möchte, sollte sich keinen Jack Russell ins Haus ho-

Nach dieser Tat muss Ihr Hündchen gelobt werden, als hätte es den Friedensnobelpreis verdient. Hunde lernen über Lob schneller als über Strafe.

len – diese Hunde haben nämlich ganz andere Prinzipien. Wie die meisten Terrier verbuchen Jack Russell jede Inkonsequenz und jedes Nachgeben sofort zu ihrem Vorteil: Wer seinem Jackie einmal signalisiert hat, dass es keine besonderen Konsequenzen hat, auf »Komm!« etwa nicht zu kommen, braucht sich auch nicht mehr zu wundern, wenn sein Hund eigentlich keinen Befehl mehr besonders ernst nimmt.

Jeder Hund lässt sich erziehen, auch wenn es bei manchen länger dauert. Manche Hunde sind so stur, dass man verzweifeln möchte, manche können sich einfach nicht konzentrieren, alle kommen irgendwann in die Pubertät und man fragt sich voller Verzweiflung, ob man sich den Tag eigentlich nicht auch anders verderben könnte, als mit dieser bunt gescheckten Zu-

mutung. Geben Sie nie auf. Schreien Sie ihn nie an, auch wenn das fast Übermenschliches von Ihnen verlangt: Letzten Endes müssen Sie sich immer wieder daran erinnern, dass es »nur« ein Hund ist, mit dem wir es zu tun haben, der ein ganz anderes Gesichtsfeld von den Dingen hat. Bevor Ihnen die Geduld reißt, hören Sie auf. Lassen Sie die Übung sein, machen Sie etwas anderes, sperren Sie den Hund in die Küche, bis Sie wieder ruhig durchatmen können.

So wird der Welpe stubenrein

Kleine Hunde scheinen vor allem aus sehr viel Pipi zu bestehen, weshalb das zuallererst wichtigste Erziehungsziel wohl ist, den Welpen stubenrein zu bekommen. Das ist gar nicht so schwer: Im selben Moment, in dem der Welpe aufwacht, tragen Sie ihn sofort nach draußen, immer an die selbe Stelle, und warten so lange, bis er sich gelöst hat, um dann in wahre Entzückungsstürme auszubrechen. Dasselbe wiederholt sich nach jedem Füttern. Im Übrigen beobachten Sie Ihren Hund gut: Wenn er anfängt herumzusuchen, mit leichtem Katzenbuckel herumschnüffelt oder sich um sich selbst dreht, dann nichts wie raus. Halten Sie sich fahrplangenau an die Futterzeiten, um eine gewisse Regelmäßigkeit in die Sache zu bekommen, die am meisten Sie selbst entlastet. Wenn der Welpe dann doch aus Versehen ins Haus macht, erklären Sie ihm nachdrücklich »Pfui!«

(oder »Nein!«) und bringen Sie ihn nach draußen auf seinen gewohnten Löseplatz. Auf keinen Fall schreien Sie ihn an, schütteln ihn oder stoßen ihn mit der Nase in seine Pfütze oder den Haufen. Das mag man früher so gemacht haben, heutzutage weiß man es besser: Sie wollen den Welpen ja nicht traumatisieren. Kleine Hunde haben nun einmal eine noch kleinere Blase und die haben sie eben nicht immer im Griff.

Nur mit einem gut erzogenen Jack Russell werden Sie wirklich Spaß haben: Er muss zum Beispiel wissen, dass er nicht einfach losstürmen darf, wenn ihn in der Ferne etwas interessiert.

Dieser Welpe ist sich noch nicht ganz sicher, was er von der Leine halten soll, die da an ihm herumzieht. Mit ein bisschen Geduld wird er sich aber daran gewöhnen.

Sprühen Sie die Stelle mit einem Geruchsneutralisierer aus dem Zoofachhandel oder Glasreiniger ein, damit er diese Stelle nicht zu seinem Ersatz-Pipiplatz macht.

Die wichtigsten Befehle

Einigen Sie sich mit den anderen Familienmitgliedern auf einfache, knappe Kommandos, die der Hund sich ebenso merken kann wie Sie: »Sitz«, »Platz«, »Komm«, »Fuß«, »brav«, »Bleib«, »Pfui" oder »Nein«. Im Laufe seines Lebens wird sich Ihr Hund einen größeren Wortschatz aneignen, bis Sie dann ein Exemplar haben, das »jedes Wort versteht«. Aber am Anfang sollten Sie die Dinge simpel halten: Sie bringen einem Baby auch nicht das Sprechen bei, indem Sie ihm philosophische Dissertationen vorlesen. Und Sie bringen einem Baby auch nicht das Sprechen bei, indem Sie es anbrüllen, in der Hoffnung, dass es das Wort dann besser versteht. Sprechen Sie Ihre Kommandos immer ruhig und »normal« aus, betonen Sie allerdings so, dass Ihr Hund den Befehl erkennen kann.

»Komm!«

»Komm!« übt man vom allerersten Tag an. Sprechen Sie viel mit Ihrem Hund, reden Sie ihn andauernd mit seinem

Namen an, rufen Sie »Komm!« und seinen Namen, und knien Sie sich mit ausgebreiteten Armen hin. Rufen Sie ihn mit »Komm!«, wenn Sie ihm sein Futter geben, damit es zu einer positiven Prägung seines Namens kommt. Rufen Sie ihn immer mit freundlichem Ton, loben Sie ihn, wenn er kommt und geben Sie ihm ab und zu daraufhin zur Belohnung einen Hundekeks: Im Unterbewusstsein Ihres Hundes soll sich festsetzen, dass es überhaupt nichts Wundervolleres auf der ganzen Welt gibt, als dem Ruf der himmlischen Stimme seines Herrn umgehend Folge zu leisten – komme da später noch, was da wolle: Igel, Kaninchen, andere Hunde, fremde Kinder.

Wenn Sie ihn rufen und er nicht kommt, werfen Sie Ihren Schlüssel oder Ihren Pantoffel hinter ihm her – Sie müssen ihn nicht unbedingt treffen –, um seine Aufmerksamkeit zu bekommen, und rufen Sie ihn noch einmal. Rufen Sie ihn nicht weiter mit immer schärfer werdender Stimme, um ihn schließlich anzuschnauzen, sollte er sich doch noch entschließen umzudrehen: »Habe ich dir nicht gesagt, du sollst auf der Stelle kommen? Kannst du nicht schneller hören? Zum Donnerwetter!« Der Hund versteht nicht Ihre Worte, sondern Ihren Tonfall. Wenn Sie ihn auf Chinesisch loben, wird das den gleichen Effekt haben, wie auf Italienisch oder Deutsch. Und wenn Sie mit ihm schimpfen, wenn er kommt – und Hunde haben nur ein sehr vages Zeitgefühl –, wird er glau-

ben, er würde beschimpft, weil er gekommen ist, und Sie haben ihn schon halb verdorben.

Weiter als in »Wurfweite« sollte Ihr Hund sowieso nicht von Ihnen entfernt sein, solange Sie dieses Kommando noch üben. Wenn er schon fast am Horizont verschwunden ist und Sie dann erst »Komm!« hinter ihm herbrüllen, ist es zu spät. Wenn er also nicht sofort kommt und Sie kein Wurfwerkzeug dabei haben, laufen Sie schnell zu ihm, packen ihn, sorgen für Augenkontakt und rufen ihn noch einmal. Er wird es sich nicht zweimal sagen lassen.

»Sitz!«

»Sitz« und »Platz« sind wahrscheinlich die beiden wichtigsten Kommandos, die unser Hund lernen muss, um unendliche Probleme im Zusammenleben zu verhindern. Wenn der Hund sitzt, wenn wir das wollen, kann er nicht an Besuchern hochspringen, fremde Katzen jagen, aus der Haustür rasen oder über die Straße rennen.

Um Ihrem Jack Russell »Sitz« beizubringen, leinen Sie ihn an, damit Sie ihn wirklich in Ihrer nächsten Nähe und unter Kontrolle haben. Geben Sie ihm das Kommando und drücken gleichzeitig sein Hinterteil herunter. Sobald er sitzt, loben Sie ihn mit ruhigen Worten und belohnen ihn mit einem winzigen Keks oder einem Würstchenstück. Wiederholen Sie diese Übung immer wieder im Laufe des Tages, geben Sie ihm seine Futterschüssel erst, wenn er sitzt und

Wenn es zu Erdaus-
grabungen kommt,
ist der Jack Russell
Terrier allen ande-
ren Hunden weit
voraus: Das war
immerhin mal sein
Job.

Sie ihn mit »Komm!« auffordern aufzustehen. Überqueren Sie die Straße
erst, nachdem er »Sitz« gemacht hat
und Sie ihn dann mit »Komm!« erlösen. Sie werden sich wundern, wie
schnell Ihr Hund das »Sitz« in Verbindung mit einer Belohnung lernt, die
Sie sich dann bald sparen können, und
Ihr Hund allein auf das Wort reagiert.

»Platz«

Das Kommando »Platz!« entwickelt sich
aus »Sitz«: Wenn der Welpe sitzt, halten
Sie ihm einen Keks vor die Nase und
führen die Hand nach unten. In dem
Moment, wo der Hund dem Leckerbissen folgt und sich hinzulegen beginnt, geben Sie ihm das Kommando
»Platz!«. Wenn er sich hingelegt hat,
loben Sie ihn und geben ihm den Keks.
Wiederholen Sie diese Übung häufig
über den Tag verteilt, bis er nach einiger
Zeit allein auf das Wort reagiert.

»Bleib!«

»Bleib« ist ein lebenswichtiges Kommando für den Hund, besonders im
Freien und ohne Leine. Es bedeutet,
dass Sie Ihren Hund zuverlässig ablegen und sich entfernen können, ohne
dass er Ihnen folgt; beispielsweise,
wenn Sie Ihrem Kind hinterherrennen,
Ihre Pferde auf die Weide bringen, um
die Kurve sehen oder Ihre Ruhe haben
wollen. Üben Sie »Bleib« erst, wenn Ihr
Hund schon über seine Flegeljahre hin-
aus und selbstsicher ist. Üben Sie zu-

erst im Haus in einem ruhigen Raum, und wiederholen Sie die Übung, je besser Sie klappt, in immer unruhigerer Umgebung. Zum Schluss irgendwo, wo Ihr Hund Sie sogar nicht sehen kann. Lassen Sie Ihren Hund an der Leine »Platz« machen. Geben Sie ihm dann den Befehl »Bleib!« und bewegen Sie sich um den Hund herum. Sollte er versuchen aufzustehen, halten Sie die Leine straff, sodass er nicht aufstehen kann und wiederholen Sie die Worte »Platz« und »Bleib«. Wenn er liegen bleibt, loben Sie ihn. Gehen Sie daraufhin ein paar Schritte, lassen Sie ihn wieder ablegen und hüpfen vor ihm herum: Er darf nicht aufstehen. Wenn er liegen bleibt, belohnen Sie ihn mit Lob und Leckerbissen und lassen Sie ihn dann mit dem Zauberwort »Komm!« aufstehen. Sobald der Hund diese Übung beherrscht, versuchen Sie dasselbe mit durchhängender Leine und schließlich legen Sie die Leine neben den Hund

und bewegen sich ein paar Schritte weg. Halten Sie Blickkontakt, damit Sie ihn sofort korrigieren können, sollte er den Versuch machen, hinter ihnen herzukommen. Wenn Sie zu ihm zurückkommen, bekommt er seine Belohnung. Hat Ihr Hund erst gelernt, in Ihrer Anwesenheit liegen zu bleiben, können Sie ihm beibringen, dasselbe zu tun, wenn Sie den Raum verlassen haben. Kehren Sie nach kurzer Zeit zurück und loben ihn, wenn er sich nicht von der Stelle gerührt hat. Erlösen Sie ihn aus der Position mit »Komm!«. Verlängern Sie langsam die Zeiten, in denen er liegen bleiben soll, lassen Sie ihn in einer Ecke Ihres Arbeitszimmers abliegen, während Sie am Schreibtisch arbeiten oder im Wohnzimmer sitzen. Im Laufe der Zeit sollten Sie die Übung nach draußen verlegen, zuerst in ruhige Umgebungen, und schließlich in Parks und Fußgängerzonen.
Und lassen Sie sich nicht durch Pas-

Der typische Ausdruck eines Jack Russells, der auf das nächste Abenteuer wartet – oder darauf, dass endlich mal jemand den Ball wirft.

santen irritieren, die »ach, der arme Hund!« rufen und Sie womöglich noch beschimpfen: Das sind die gleichen Leute, die Sie auf der Stelle anzeigen, wenn Ihr Hund sie beim Joggen jagt, Ihnen die Rechnung für die Reinigung ins Büro nachtragen, nachdem Ihr »armer Hund« begeistert mit Matschpfoten an ihnen hochgesprungen ist, oder die dafür stimmen, Hunde aus Grünanlagen zu verbannen.

»Bei Fuß!«

»Bei Fuß« oder »Fuß!« ist ein Befehl, den man von Anfang an mit sanftem Nachdruck üben kann. Man nimmt den Welpen dazu an die Leine, nachdem er das Leinengehen bereits gelernt hat, und lässt ihn von nun an immer an der linken Seite gehen. Auf

Auch wenn ein Jack Russell aufs Wort gehorchen soll, darf man ihn nicht allen Spaß nehmen. Eine kleine Erfrischung zwischendurch sollte wohl erlaubt sein.

das Kommando »Fuß!« hält man ihn mit der Leine so kurz, dass er mit seiner Schulter unmittelbar neben Ihrem Bein gehen muss. Lassen Sie den Hund einige Zentimeter vor, geben Sie ihm einen kurzen Ruck und gleichzeitig den Befehl »Fuß!« und bringen Sie ihn mit der Leine zurück in die »Fuß«-Position. Wenn er ohne zu ziehen ein paar Schritte bei Fuß geht, loben Sie ihn und belohnen ihn mit einem Leckerbissen und lassen ihn »Sitz!« machen. Dann wiederholen Sie die Übung. Wenn Ihr Hund »Fuß« an der Leine beherrscht, wiederholen Sie das

Kommando ohne Leine. Halten Sie die Leine und anfangs eine Futterbelohnung in der linken Hand. Wechseln Sie das Tempo, gehen Sie Achten und Kringel, und lassen Sie's bis morgen gut sein.

Was sollte er noch lernen?

Kennt Ihr Jack Russell die wichtigsten Befehle, ist das bereits eine große Erleichterung im täglichen Leben. Aber natürlich muss der Hund auch darüberhinaus Dinge lernen, die für ein harmonisches Zusammenleben wichtig sind.

Ruhepausen einlegen
Seinen Jack Russell Terrier immer wieder mal für kurze Zeiten auf seinen Platz zu schicken oder in Flur oder Küche »wegzusperren« ist keine Gemeinheit, sondern bringt dem Hund nur bei, dass gelegentliche ruhige Mo-

mente einfach zur Realität eines normalen Haushaltes gehören. Ihr Welpe lässt sich besonders leicht beeindrucken in seinen ersten paar Wochen in Ihrem Haus. Regelmäßige Ruhephasen in einem anderen Raum gleich zu Anfang dieser Zeit werden bald einen beruhigenden Einfluss auf die Persönlichkeit Ihres Hundes ausüben. Erinnern Sie sich immer wieder daran, dass Ihr Hund, nachdem er erst einmal stubenrein und zuverlässiger ist, bald sein ganzes Leben im gesamten Haus und Garten verbringen darf. Wenn man andererseits den kleinen Neuankömmling in der gesamten Wohnung freie Hand lässt, wird er sich mit größter Wahrscheinlichkeit bald alle möglichen Unarten angewöhnen, die es schließlich notwendig machen werden, ihn dauernd einzusperren. Es wäre doch unfair, ihn immer wieder einsperren zu müssen, nur, weil Sie zu undiszipliniert

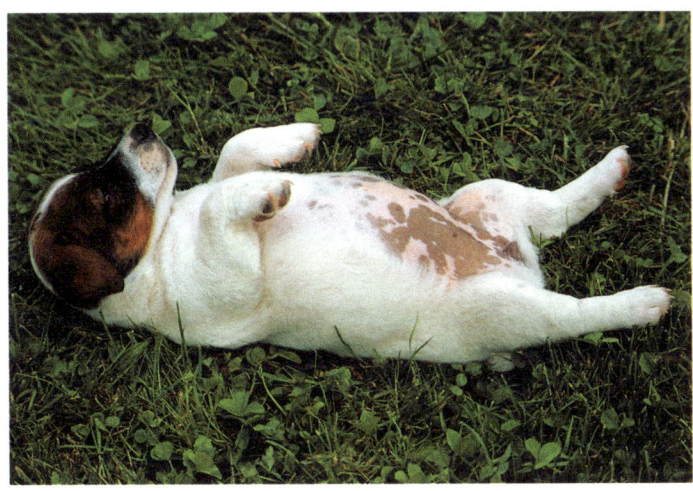

Ruhepausen sind gerade für Welpen wichtig. Häufig verausgaben sie sich während des Spielens derart, dass sie ganz plötzlich vor Müdigkeit umfallen.

waren, als er noch klein war.

Wenn Sie Ihren Hund in Flur oder Küche »wegsperren«, sollten Sie immer dafür sorgen, dass er genügend Spielzeug und Kauartikel zur Verfügung hat, damit er gar nicht erst auf die Idee kommt, stattdessen Ihren Teppich oder die Beine der Kommode anzunagen. Es gibt mittlerweile unendliche Sorten, Formen und Geschmacksarten dieser Kauspielsachen und Sie werden bald herausfinden, was seinem Gusto am meisten entspricht. Es gibt auch Bälle mit Löchern darin, in die Sie einen Hundekuchen stecken können und Ihr Jack Russell wird erst einmal eine Weile damit beschäftigt sein, ihn aus dem Ball herauszufieseln. Finden Sie heraus, welche Hundekuchen-Formen nicht sofort aus dem Spielzeug herausfallen, damit der Hund nicht sofort

dafür belohnt wird, wenn er sich nur einmal besagtes Spielzeug ansieht (ovale Hundekuchen fallen sofort heraus, dreieckige dafür überhaupt nicht, was auch nicht der Sinn der Sache ist. Am wirkungsvollsten scheinen die in Form kleiner Knochen zu sein). Wenn er also jedesmal mit Kausachen beschäftigt wird, wenn er alleine gelassen wird, wird der Welpe diese ruhigen Kau-Tagesabschnitte bald lieben lernen wie auch die Tatsache, dass sich andere Kauartikel wie Teppich, Möbel oder Hausschuhe schon geschmacklich nicht lohnen. Man nennt das auch »passives Lernen«, wobei dem Hundebesitzer nichts anderes zu tun bleibt, als die Situation herzustellen, damit der Hund von ganz alleine lernt. Wenn der Hund also später das ganze Haus beziehungsweise die ganze Wohnung zur Verfügung hat,

Jack Russell Terrier mögen nicht besonders groß und stark sein, aber sie sind stets bereit, ihr Eigentum – und alles, was sie dafür halten – zu verteidigen.

Fahren Sie gerne Fahrrad? Dann ist der Jack Russell ein idealer Begleiter für Sie. Beim Laufen kann er sich richtig austoben – allerdings sollte er mindestens ein Jahr alt sein.

nicht erlauben, an einem hochzuspringen, wenn man gerade richtig angezogen oder zum Spielen aufgelegt ist, und erwarten, dass er das gefälligst unterlässt, wenn einem gerade nicht danach ist: Damit wird der Hund nur völlig durcheinander gebracht. Konsequenz ist hier – wie in den meisten Fällen – die einzige Lösung für das Problem. Überlegen Sie sich also gut, ob es Ihnen egal ist, wenn er an Ihnen hochspringt. Wenn die Antwort »Nein« ist, müssen Sie sich von nun an in jedem Falle daran halten.

Wenn Ihr Welpe an Ihnen hochhopst, lässt sich das am besten mit einer mit Erbsen oder Münzen gefüllten Dose korrigieren: Wenn der Welpe hochspringt, schütteln Sie die Dose laut und sagen »Nein!« mit festem Ton. Erschrecken Sie ihren kleinen Hund nicht, bemühen Sie sich nur um seine Aufmerksamkeit und machen ihm mit Ihrem Tonfall klar, dass dieses Verhalten unerwünscht ist. Wenn er reagiert, beugen Sie sich nicht über ihn, um ihn zu loben, sonst springt er wieder hoch. Sagen Sie ihm mit ruhiger Stimme, dass er ein braver Hund ist. Wenn das nicht hilft, brauchen Sie die Unterstützung einer zweiten Person. Die-

werden er oder sie sich mit einem Kauspielzeug zurückziehen. Auf diese Weise beschäftigt, wird der Hund auch nicht anfangen gelangweilt herumzurennen, zu bellen, heulen oder zu kratzen, wenn er alleine gelassen wird.

Anspringen verboten!

Fast jeder Hund springt an Menschen hoch, wenn er sich freut, aufgeregt ist oder beachtet werden möchte. Das größte Problem ist normalerweise der Besitzer: Mal findet er es lustig, wenn der Hund an ihm hochspringt, wenn sie allerdings Dreißig-Mark-Nylonstrümpfe anhat, findet es niemand komisch: Man kann seinem Hund se nimmt Ihren Hund an eine leichte Leine und kommt auf Sie zu. Wenn Ihr Jackie an Ihnen hochspringen will, um Sie zu begrüßen, gibt ihm die andere Person einen kurzen Ruck mit der Leine mit einem festen »Nein«. Wenn er es danach wieder versucht, wiederholen Sie die Prozedur. Begrüßen Sie Ihren Hund erst, wenn er nicht mehr an Ihnen hochspringt. Machen Sie wiederum die gleiche Übung mit anderen Personen, während Sie ihn an der Leine haben. Er wird schnell verstehen, dass man sich nur dann liebevoll um ihn kümmert, wenn er nicht hochspringt.

Knabbern – aber nur vorsichtig

Alle Welpen haben Zahnungsprobleme, genau wie kleine Kinder. Weil Zahnen weh tut, schnappen oder beißen Welpen oft, um den Druck der nachwachsenden Zähne zu lindern. Sie beißen in Hände, Finger, Spielsachen und Möbel. Manchmal fordern ihre Besitzer sie sogar noch dazu auf, indem sie dem Welpen beim Spielen ihre Hände ins Maul legen: Auf diese Weise bringt man seinem Hund das Beißen praktisch bei. Stattdessen muss dem Welpen klar gemacht werden, dass Menschenhaut viel dünner und schmerzempfindlicher ist als Hundehaut. Erwischt Ihr Welpe versehentlich Ihre Hand, jammern Sie laut und brechen das Spiel sofort ab (junge Hunde untereinander machen das übrigens genauso). Schreien Sie ihn nicht an und bestrafen Sie ihn nicht

weiter. Sorgen Sie dafür, dass er in der Zahnungsphase genügend Büffelhautknochen hat und ihre Hände nicht mit einem Spielzeug verwechselt.

Fordern Sie Ihren Jack Russell

Jack Russell Terrier sind neugierige Hunde. Nichts ist für sie fader, als immerzu den gleichen Spaziergang, die gleiche Routine zu erleben und dieselben Hunde und Leute unterwegs zu treffen. Das Vergnügen an Neuem ist auch der Grund, weshalb sich Jack Russell so wunderbar an neue Bedingungen anpassen: Das Leben findet immer dort statt, wo etwas los ist, und ihr Zuhause ist da, wo ihr Herr und ihr Schlafkorb sind, und sie langweilen sich entsetzlich, wenn sie nicht wenigstens ab und zu ein kleines Abenteuer geboten bekommen.

Also nehmen Sie Ihren Hund möglichst immer mit; schon auf der kleinen Runde zum Briefkasten gibt es unendlich viel zu riechen und zu erleben. Variieren Sie die Spaziergänge; fahren Sie in verschiedene Parks, machen Sie am Wochenende einen Waldlauf, gehen Sie Mäuse suchen und werfen Sie Bälle und Stöcke in Teiche.

Fahrradfahren mit dem Hund

Fahrradfahren ist eine wunderbare Möglichkeit, seinen Jack Russell in angemessenem Tempo zu bewegen, oder einem vor Energie platzenden Hund Erlösung zu verschaffen: Es geht doch nichts über einen guten Sprint ab und zu. Aber: Kein Hund darf neben dem Rad herlaufen, bevor er nicht ein Jahr alt und damit sein Herz ausgewachsen ist. Jack Russell kennen keine Grenzen und neigen dazu, sich totzurennen; Sie müssen also Ihren Hund gut beobachten, um zu entscheiden, wann er genug hat.

Im Straßenverkehr muss Ihr Hund angeleint sein. Den Umgang mit dem Rad lernt Ihr Hund am besten erst einmal, während Sie das Rad schieben. Das Fahren üben Sie im Garten, im Park oder im Wald, wo sie nicht zusätzlich noch mit fremden Hunden oder fremden Radfahrern zu kämpfen haben. Üben Sie mit durchhängender Leine. Wenn Ihr Hund zu ziehen beginnt, rufen Sie »Fuß!« und geben ihm einen kurzen Ruck mit der Leine. Später können Sie ohne Leine üben, wobei er sich weiter entfernen, Sie aber nicht aus den Augen verlieren darf: Sonst fahren Sie ihm einfach weg. Das wird er sich merken. Hunde haben Verlustangst.

Läuft er Ihnen immer wieder vor das Rad, fahren Sie ihn bewußt, aber vorsichtig an, er soll sich nur erschrecken und sich abgewöhnen, Ihnen oder anderen Radfahrern in die Felgen zu geraten.

Bewegung durch Agility

Jack Russells eignen sich wunderbar für Hundesport. Das soll nicht als die Art »Hundesport« missverstanden werden, bei der streng dreinblickende Herrschaften ihre Schäferhunde oder Boxer mit Apportierhölzern über gewaltige Holzzäune schicken und möglichst nebenbei einen angeblichen Bösewicht stellen. Eine relativ neue Hundesportart nennt sich »Agility«, bei der Hundebesitzer ihre Hunde über einen Hindernis-Parcours scheuchen, der aus Wippen, über die man balancieren muss, schwingenden Autoreifen, durch die gesprungen, Tunnel, durch die gekrochen werden muss und lauter anderen interessanten Schwierigkeiten besteht, die be-

Kaum können Jack Russells laufen, ist die Welt nicht mehr groß genug für sie und der eigene Garten schon gar nicht.

Nach einem Bad in der Pfütze oder im schlammigen See ist hin und wieder auch mal ein

Bad in der Wanne angesagt – auch wenn der Hund davon nicht begeistert ist.

erzogen, gelobt und ungeheuer selbstbewusst bei der Meisterung dieser Aufgaben, und Herr und Hund können ihr Sportvermögen auch noch in Wettbewerben unter Beweis stellen, wenn sie wollen.

Die meisten Hundesportvereine in Ihrer Stadt können Ihnen sagen, ob und wo es in Ihrer Nähe einen Agility-Platz gibt.

Pflegeleicht und unkompliziert

Für die Pflege Ihres Jack Russells müssen Sie sehr viel weniger Zeit einplanen als für seine sinnvolle und abwechslungsreiche Beschäftigung.

Der Jack Russell ist auf Grund seines kurzen Fells ein sehr pflegeleichter Hund: Es genügt völlig, ihn einmal in der Woche mit einer Drahtbürste oder einem Gummistriegel durchzubürsten. Wenn Sie dann noch regelmäßig sein Fell und seine Ohren auf Gräser und Fremdkörper hin kontrollieren, ist die regelmäßige Pflege eigentlich schon erledigt.

wältigt werden wollen. Der Witz daran ist, dass man seinem Hündchen erst einmal zeigen muss, was man eigentlich von ihm will, das heißt also Frauchen oder Herrchen ihrerseits in Sport- und Geschicklichkeit gefordert sind, während sie ihrem Jack Russell Terrier voraus kopfüber durch die Tunnel krabbeln oder über Wippen balancieren. Der Hund amüsiert sich dabei meist königlich, wird ganz nebenbei

Badetag – nicht immer vermeidbar

Irgendwann braucht jeder Hund ein Bad – weil er sich in entsetzlichen Dingen gewälzt hat, weil er Durchfall hatte, oder im Matsch und nassen Gras so getobt hat, dass er mehr grünbraun als weiß-gefleckt ist.

Es ist leichter, den Hund zu duschen, als ihn zu überzeugen, sich ein Vollbad gefallen zu lassen, außerdem kann so das schmutzige Wasser sofort ablaufen. Legen Sie eine Duschmatte in die Wanne oder Dusche, damit der Hund nicht auf dem glatten Boden ausrutscht. Sogar ausgesprochene Wasserratten sind kaum davon zu überzeugen, ein Bad angenehm zu finden, also sollten Sie Ihren Hund, falls er Ihnen nicht wirklich gut gehorcht, mit der Leine an den Armaturen festbinden. Testen Sie die Wassertemperatur an Ihrem Handgelenk, bis sie angenehm lauwarm ist. Benutzen Sie unbedingt ein Hunde-Shampoo aus dem Zoofachhandel, weil es auf Hunde-Hautverträglichkeit getestet ist. Der Shampoo-Rest muss voll-

ständig ausgespült werden, bis das Wasser ganz klar bleibt. Wenn Ihr Hund gebadet ist, wickeln Sie ihn in ein Handtuch und trocknen ihn ab. Lassen Sie ihn bei warmem Wetter im Garten herumrennen, im Winter – wenn das Bad denn wirklich sein muss – in der Wohnung, wo er für wenigstens fünf Stunden bleiben sollte.

Um den Umgang mit anderen Hunden zu lernen, müssen Jack Russells schon früh und regelmäßig mit anderen Hunden in Kontakt kommen.

RUND UM DEN GESUNDEN HUND

DIE GESUNDHEIT IHRES JACK RUSSELLS KÖNNEN SIE AUSSCHLAGGEBEND UNTERSTÜTZEN: DIE RICHTIGE ERNÄHRUNG IST GRUNDLEGEND. DENKEN SIE ABER AUCH AN REGELMÄSSIGE IMPFUNGEN, ENTWURMUNGEN UND PARASITENPROPHYLAXE UND SCHÜTZEN SIE IHREN HUND DAMIT SCHON IM VORFELD VOR GEFÄHRLICHEN KRANKHEITEN.

Richtig füttern

Lässt man ihnen freie Wahl, sind Hunde Fleischfresser. Aber anders als die wirklich carnivore Katze, die ohne Fleisch nicht überleben kann, ist der Hund dem Menschen insofern ähnlicher, als er eigentlich ein Allesfresser ist und die meisten Nahrungsformen frisst und verdauen kann, inklusive Obst und Gemüse.

Genau wie der Mensch braucht der Hund unterschiedliches Futter und unterschiedliche Futtermengen in den verschiedenen Lebensstadien. Ein junger, wachsender Hund hat einen hohen

Mineral-, Vitamin- und Proteinbedarf. Wenn Sie dahingegen einen erwachsenen Hund mit einem stark proteinreichen Futter füttern, riskieren Sie ernsthafte Nierenprobleme. Ist der Hund etwa acht Jahre alt, wird sein Nährstoffbedarf wiederum geringer.

Das wichtigste Lebensmittel: Wasser

Wasser ist das wichtigste »Lebensmittel« für den Hund, damit alle Zellfunktionen stattfinden können. Das Wasser für den Hund muss immer zugänglich sein, soll täglich erneuert, die Wasserschüssel regelmäßig ausgewaschen werden. Ein erwachsener Hund besteht zu 60 % aus Wasser. Bei 15 %igem Wasserverlust stirbt er. Im Gegensatz dazu können andere Säugetiere ihre Fett- und Glycogenreserven praktisch vollständig verlieren, die Hälfte ihrer Proteinreserven und 40 % ihres Gesamtkörpergewichts und noch immer überleben.

Verschiedene Arten von Hundefutter

Im Handel kann man zwischen Trocken- und Dosenfutter entscheiden. Beide Futtersorten haben gewöhnlich eine ähnliche Zusammensetzung. Der

Gerade in den ersten Wochen fällt es schwer, irgendetwas anderes zu tun, als seinem Welpen den ganzen Tag zuzusehen.

Hauptunterschied besteht im Feuchtigkeitsgehalt. Diese Feuchtigkeit ist nicht nur Wasser, sondern auch Fleischsaft und Brühe, der Stoff, aus dem Hundeträume sind. Während also Trockenfutter leicht verdaulich ist, für eine Reduktion der Kotmenge sorgen soll und angeblich die Kaumuskeln anregt – wobei Hunde von Natur aus Schlinger sind und manche Hunde auch ihr Trockenfutter einfach im

Welpen brauchen viel Wasser. Und Jackies sind erfinderisch: Wenn der Napf mal nicht mit frischem Wasser gefüllt ist, tut es auch ein Vogelbecken oder eine große Pfütze.

Stück herunterschlucken –, schmeckt es auch immer gleich. Als Belohnungsfutter eignet es sich hervorragend, weil es klein und handlich und gut in der Hosentasche zu tragen ist.

Welches Futter ist das Beste?

Fertigfutter aus dem Fachhandel enthält gewöhnlich die Nährstoffzusammensetzung, die für den Hund in verschiedenen Lebensabschnitten notwendig ist. Dementsprechend sind diese Fertigfutter aufgeteilt in »Welpenfutter«, »Junior« für den heranwachsenden Hund, »Adult« oder »Maintenance« für den ausgewachsenen Hund bis ungefähr acht Jahre und

»Senior« für den Hund ab dem achten Lebensjahr.

Die Auswahl ist gewöhnlich überwältigend: Zwischen Trocken-, Flocken- und Dosenfutter und einem ungeheueren Angebot an Leckereien steht man als armer Tor vor den Regalen und ist so klug als wie zuvor.

Um die Angelegenheit erst einmal zu vereinfachen, sollten Sie sich nicht für das billigste Futter entscheiden. Diese mögen zwar beispielsweise den gleichen Proteingehalt aufweisen, allerdings wird vielleicht eine billigere Proteinquelle verwendet, die ihr Hund nicht gut verwerten kann. Fragen Sie Ihren Tierarzt oder Ihren Züchter, welches Futter er verwendet und lassen Sie sich von Ihrem Zoofachhändler beraten.

Proteinhaltig oder proteinarm?

Das wichtigste Element in Hundefutter ist Protein, allerdings ist mehr nicht unbedingt besser. Für erwachsene Hunde mit durchschnittlicher Aktivität sind 15 bis 20 % Proteingehalt im Futter angebracht. Für den älteren und ruhigeren Hund sind niedrigere Proteingehalte ausreichend, während ein Hund im Wachstum wenigstens 29 % Protein im Futter benötigt. Hunde in emotionalem, körperlichem oder umweltbedingtem Stress benötigen einen etwa 25 %igen Proteinanteil im Futter.

Kochen für den Hund?

Es ist nicht ganz leicht, selber eine ausgewogene Futtermischung herzu-

---

KAUERSATZ

Welpen kauen auf allem herum, was sich anfressen oder ins Maul nehmen lässt: Wie kleine Kinder erfahren sie ihre Umwelt eben mit allen Sinnen. Während des Zahnwechsels haben Welpen einen verstärkten "Nagetrieb", was wohl mit dem Druck zusammenhängt, den die durchbrechenden Zähne verursachen. Kauen in dieser Phase hilft auch, die Milchzähne loszuwerden. So viele Knochen, wie der Welpe sie in dieser Zeit braucht, sind niemals gesund für ihn, also nehmen Sie Kauknochen oder so genannte Büffelhautknochen, die Sie in jedem Fachhandel bekommen können. Das spart Ihnen viele angefressene Turnschuhe, Pantoffel und Stuhlbeine.

---

stellen und mit dem gekochten Futter den Hund mit den nötigen Proteinen und Mineralien zu versorgen. Um aber den Speiseplan des Hundes aufzulockern, ist eine selbstgekochte Mahlzeit zur Abwechslung für den Hund ganz sinnvoll.

Wenn Sie Selbstgekochtes vorziehen, müssen Sie sich sehr genau mit den Nährstoffgehalten auseinandersetzen. Zum Verfüttern eignet sich Rindfleisch, Lamm-, Geflügel- und Pferdefleisch, Wild und alle Innereien dieser Tiere wie Maul-, Kehl- oder Kopffleisch, Herz, Leber und Niere in Maßen, Lunge, Euter, Pansen oder den wundervoll stinkenden, aber sehr gesunden Blättermagen, außer Schweinefleisch.

Schweinefleisch kann die Aujeszkysche Krankheit oder Schweinepest übertragen, die für den Hund tödlich verläuft. In rohem Geflügelfleisch können Salmonellen enthalten sein. Grundsätzlich ist es besser – und verträglicher –, das

Fleisch zu kochen, allerdings höchstens handwarm zu verfüttern.
Hunde unter sechs Monaten sollten weder Pansen noch Blättermagen bekommen. Ein normaler Babymagen ist dafür noch zu empfindlich.

Der Satz »Du bist, was Du isst«, gilt für Hunde ganz genauso: Die richtige Ernährung von Anfang an ist grundlegend für die Gesundheit Ihres Hundes.

FUTTERBEDÜRFNISSE

Grundsätzlich gibt es drei verschiedene Futterbedürfnisse beim Hund: Für diese unterschiedlichen Nährstoffansprüche bietet der Zoofachhandel spezielle Fertigfutter an:
- Bei Wachstum, Trächtigkeit und starkem Stress (wie zum Beispiel auf Ausstellungen) braucht der Hund ein proteinreiches Futter.
- Im normalen Leben eines nicht weiter belasteten Hundes füttert man »normales« Futter für erwachsene Hunde.
- Alte Hunde und Trantüten brauchen ein nährstoffärmeres Futter.

Zum Fleisch gehören Gemüse und Getreide, die man in Form von Hundeflocken im Zoofachhandel kaufen und einfach untermischen kann und die Vitamine, Mineralien und Spurenelemente enthalten.

Vitamine und Mineralien gehören dazu
In hochwertigem Fertigfutter sind Vitamine, Spurenelemente und Mineralien ausreichend enthalten und müssen nicht zusätzlich gegeben werden – tatsächlich können sie im Übermaß dem Hund sehr schaden. Wenn Sie allerdings für Ihren Hund selbst kochen,

sollten Sie eine Vitamin-Mineralmischung aus dem Fachhandel oder von Ihrem Tierarzt dazumischen.

Vorsicht mit Futterkalk: Viele Hundefreunde meinen es nur gut und mischen ihrem Junghund löffelweise Kalk- und Kalziumpräparate unter das Welpenfutter. Das Geheimnis richtigen Knochenaufbaus liegt im richtigen Kalzium-Phosphor-Verhältnis: Ohne das eine oder das andere wird aus dem Junghundknochen nichts Gutes. Um wiederum Kalzium richtig verwerten zu können, benötigt der Körper Vitamin D, zu viel Vitamin D allerdings kann dem Körper schaden. Wenn Sie also dem Junghund zusätzlich etwas Gutes tun wollen, besprechen Sie sich mit Ihrem Tierarzt wegen einer ausgewogenen Mischung von Kalzium, Phosphor und Vitamin D.

Wie viele Mahlzeiten pro Tag?

Ihr Jack Russell Terrier ist ein Athletenhund, eine Sportskanone und so sollte er auch aussehen: durchtrainiert, sehnig und ohne Fett. Um das zu erreichen, findet man am besten selber heraus, wie viel der eigene Hund braucht, einzelne Hunde können sich in der Futterverwertung nämlich gewaltig unterscheiden. Welpen brau-

chen bis zur 12. Woche vier, bis zur 17. Woche drei und ab dem Alter von fünf Monaten zwei Mahlzeiten pro Tag. Die meisten erwachsenen Hunde werden nur einmal am Tag gefüttert.

Wenn Sie das Gefühl haben, Ihr Hund nimmt bei einer Mahlzeit nicht genug Nahrung auf (kleiner Magen?) oder ist vielleicht überhaupt ein schlechter Fresser, sollten Sie ihn besser zweimal am Tag füttern.

Ob Sie Ihren Hund nun ein- oder zweimal füttern wollen: Lassen Sie sein Futter nicht länger als zehn Minuten stehen. Wenn Ihr Hund sich bis dahin nicht darum gekümmert hat, räumen Sie es wieder weg und bieten es ihm erst zur nächsten Futterzeit wieder an. Trösten Sie ihn und sich nicht in der Zwischenzeit mit Hundekuchen oder anderen Leckerbissen, sonst frisst er bald nur noch die. Und denken Sie daran, die bei der Erziehung verfütterte Menge vom Futternapf wieder abzuziehen.

Sie tun Ihrem Hund keinen Gefallen, wenn Sie ihn zu dick werden lassen: Jedes Gramm Fett belastet seine Gelenke und inneren Organe unnötig.

Auch Hunde dulden beim Essen kein Betteln. Versucht ein Hund einem anderen was wegzunehmen, kommt es häufig zu kleineren Rangeleien.

Auch Hunde dulden beim Essen kein Betteln. Versucht ein Hund einem anderen was wegzunehmen, kommt es häufig zu kleineren Rangeleien.

Diättag sinnvoll?

Oft wird ein Diättag als das Non Plus Ultra gelobt, was man halten kann, wie man will. Auch für viele Menschen wären regelmäßige Fastentage angebracht. Wenn Ihr Hund allerdings von der Figur her richtig ist, ist es nicht notwendig und schont Ihre Nerven, wenn Sie nicht einen ganzen Tag lang angebettelt werden.

Abwechslung auf dem Speiseplan

Menschenessen ist nicht grundsätzlich gut oder schlecht für Hunde. Nach allem, was wir über Nährstoffe wissen, darf man Hunde natürlich nicht von Essensresten ernähren, aber man kann seinen Speiseplan damit bunter gestalten. Prinzipiell gilt: Was Sie einem Kleinkind geben würden, können Sie auch Ihrem Hund geben. Das bedeutet also: Keine scharfen Gewürze, nichts, was stark gesalzen ist, kein Zucker. Milch verursacht auf Grund des hohen Milchzuckergehalts bei vielen Hunden Durchfall.

Obst und Gemüse sind wunderbar zum Daruntermischen oder als Zwischenmahlzeit und liefern Vitamine, Minerale und Ballaststoffe. Geriebener Apfel oder Magerquark sind übrigens gute Hausmittel bei Durchfall.

Fütterungszeiten einrichten

Beim Welpen oder jungen Hund sollten unbedingt feste Futterzeiten eingehalten werden, schon, um den Stubenreinheits-Rhythmus einhalten zu können. Beim erwachsenen Hund ist das Einhalten fester Futterzeiten nicht mehr so wichtig – in der Natur kommt die Beute schließlich auch nicht Schlag neun Uhr morgens vorbei, um gefressen zu werden –, es ist höchstens praktischer. Allerdings bietet es sich an, den Hund nach dem großen Auslauf beziehungsweise vor einer Ruhepause zu füttern, der Magenschonung wegen.

Des Hundes Liebling: Knochen

Der Knochen gehört ja sozusagen zum Hund, sollte man meinen. Knochen sind in der Tat eine hervorragende Zahnfleischmassage, und jeder weiß doch wohl, dass ein angenehm im Garten angegammelter Knochen für den Hund ungefähr das ist, wie für manch einen ein alter Rotwein. Dennoch können Knochen nicht ungefährlich für den Hund sein (wie Rotwein in manchen Fällen für den Herrn ja auch). Manche Hunde schlingen Knochenstücke, was zu Verstopfung und bei spitzen oder splitternden Knochen schlimmstenfalls zu Magen- oder Darmverletzungen führen kann. Beachten Sie beim Füttern von Knochen die »Knochen-Regeln« auf Seite 56.

Ein gesunder Jack Russell ...

... verrät seinen Gesundheitszustand durch seine äußere Erscheinung: Sei-

ne Augen sind blank und leuchtend, seine Nase kühl und feucht. Sein Zahnfleisch ist weder blass noch feuerrot, seine Ohren sind sauber und riechen nur wenig. Sein kleiner Körper ist gut bemuskelt, schlank aber niemals mager. Sein Fell ist dicht und ohne kahle Stellen oder Schorf. Unterhalb seiner Rute sind keine Entzündungen, kein verkrusteter Kot, keine Abzesse oder Verfärbungen. Obwohl Hunde ziemlich viel ruhen – ungefähr 14 bis 16 Stunden am Tag –, sollten sie andererseits aufgeweckt und verspielt sein. Sie zeigen großes Interesse an Abenteuern, Mahlzeiten und haben keine Angst vor dem Leben.

Regelmäßige Gesundheitschecks

Damit Sie Anzeichen von Krankheiten früh erkennen, sollten Sie regelmäßig kleine Gesundheitschecks durchführen: Die Ohren Ihres Jack Russells sollten Sie alle paar Tage untersuchen, wobei Sie auf Gräser, Fremdkörper oder Ohrenschmalz achten sollten. Scharfer Geruch, Schorf, schwärzliche Flüssigkeit oder rote Stellen deuten auf Entzündungen hin. Auch wenn der Hund sich häufig an den Ohren kratzt

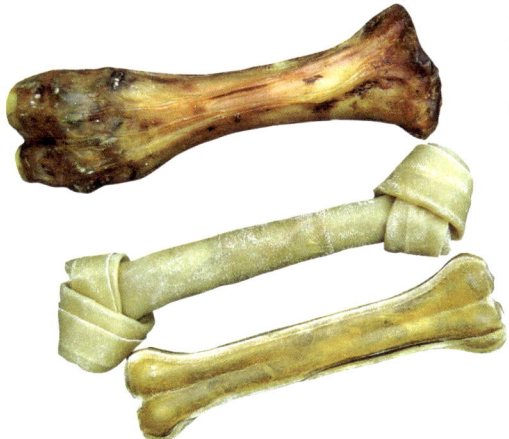

Im Zoofachhandel gibt es verschiedene Büffelhautknochen, Schweineohren oder Rinderfüße. Wenn Sie Ihren Jack Russell mit diesen Leckerbissen versorgen, bleiben auch Ihre Stuhlbeine verschont.

4 Knochen-Regeln

1 Grundsätzlich dürfen keine Schweineknochen und keine Geflügelknochen verfüttert werden. Schweineknochen können die Aujeszkysche Krankheit übertragen, Geflügelknochen splittern leicht und können sich in der Speiseoder sogar Luftröhre quer legen.

2 Am besten werden nur Kalbsknochen gegeben, die relativ weich sind und nicht splittern.

3 Geben Sie Knochen nicht öfter als einmal wöchentlich.

4 Achten Sie nach dem Verfüttern von Knochen auf den Stuhlgang Ihres Hundes, damit Sie entscheiden können, wie gut er sie verträgt. Ist der Kot sehr hart, hat er zu viel Knochen bekommen.

blinzelt, sollten Sie ihn ebenfalls zum Tierarzt bringen.

Das Gebiss Ihres Hundes sollte regelmäßig auf Zahnstein und Zahnfleischentzündungen untersucht werden. Zahnstein muss vom Tierarzt entfernt werden, ebenso lose Zähne. Üben Sie mit dem Welpen immer wieder das Fangöffnen, damit es mit dem erwachsenen Hund keine Probleme damit gibt.

Vor Krankheiten schützen

Infektionen bedrohen das Leben Ihres Jack Russells. Staupe und Hepatitis zum Beispiel sind Viruskrankheiten, die für junge Hunde normalerweise tödlich verlaufen, aber auch älteren

oder oft den Kopf schüttelt, hat er wahrscheinlich eine Entzündung, die der Tierarzt behandeln muss.

Außerdem müssen Sie auf die Augen achten. Rötungen bedeuten eine Bindehautentzündung, die durch Zugluft, Fremdkörper oder Staub auftritt und am nächsten Tag verschwunden sein kann, andernfalls muss Sie vom Tierarzt behandelt werden. Wenn die Augen trüb sind oder der Hund dauernd

Beobachten Sie Ihren Welpen und sein Verhalten. Benimmt er sich auffällig und ändert er seine Gewohnheiten, liegt mitunter eine Erkrankung vor.

IMPFPLAN

Impfung	8. Lebenswoche	12. Lebenswoche	Jährliche Auffrischung
Parvovirose	x	x	x
Staupe	x	x	x
Hepatitis	x	x	x
Leptospirose	x	x	x
Zwingerhusten	x	x	x
Tollwut	–	x	x

Hunden gefährlich werden können. Die meisten Infektionen werden durch bereits erkrankte Tiere übertragen und äußern sich in den unterschiedlichsten Symptomen wie Fieber, eitrigem Augen- und Nasenausfluss und Durchfall. Diesen Krankheiten muss man durch Impfungen vorbeugen. Kein Hund muss heute mehr an Tollwut oder Staupe sterben.

Die erste Impfung, die Ihr Welpe im Alter von acht Wochen bekommt, ist für gewöhnlich eine Grundimmunisierung, eine Art Cocktail aus verschiedenen Immunseren gegen Staupe, Parvovirose, Leptospirose, Hepatitis und Zwingerhusten (Parainfluenza). Diese Impfung muss nach vier Wochen wiederholt werden und danach einmal im Jahr. Gegen Tollwut wird erst ab dem dritten Monat geimpft, weil Ihr Welpe solange noch die Antikörper mit sich herumträgt, die er durch die Muttermilch bekommen hat, und die Impfung solange also sinnlos wäre.

Parasiten sind Plagegeister

Der Jack Russell liebt Gras, Unterholz, Igel und überhaupt alle Gegenden, die auch von Parasiten bevorzugt werden, weshalb es fast unmöglich ist, ihn immer vor Flöhen & Co zu schützen. Es gibt eine unendliche Auswahl von Shampoos, Sprays, Halsbändern, Pulvern und Tropfen gegen Parasiten auf dem Markt.

IMPFUNG

Impfungen verhindern, dass Ihr Welpe infektiöse Krankheiten wie Parvovirose, Staupe oder Tollwut bekommt. Impfungen sind der ultimative medikamentöse Schutz gegen diese Krankheiten, weshalb es unbedingt notwendig ist, dass Ihr Hund regelmäßig geimpft wird. Normalerweise werden Welpen das erste Mal mit acht Wochen geimpft, danach wieder mit zwölf Wochen und schließlich einmal im Jahr. Sie bekommen von Ihrem Züchter einen gelben Impfausweis, in dem alle Impfungen eingetragen werden und aus dem Sie ersehen können, wann die nächste Impfung fällig wird.

PARASITEN

Parasiten sind Lebewesen, die ihr Leben auf Kosten eines Wirtes – des befallenen Tieres – fristen. In der Regel wird der Wirt auf die eine oder andere Weise geschädigt.
Man unterscheidet Außenparasiten (Ektoparasiten), die Haut und Fell des Tieres besiedeln, und Innenparasiten (Endoparasiten), welche die inneren Organe, vor allem den Verdauungstrakt, schädigen.

Manche dieser Produkte sind fabelhaft, manche auch für den Hund schädlich und manche schlicht sinnlos. Bevor Sie irgendwelche Produkte dieser Art einsetzen, sollten Sie sich mit Ihrem Tierarzt besprechen.

Flöhe
Flöhe sind wahrscheinlich die hartnäckigsten und augenscheinlich störendsten Parasiten, die den Hund befallen können. Abgesehen davon, dass sie Bandwürmer übertragen können und manche Hunde Flohallergien haben, sind sie unangenehm, weil der Hund sich permanent kratzen muss und der Floh übrigens auch vor dem Menschen nicht Halt macht – meistens hat man kleine Stiche in Dreierkombinationen um den Fußknöchel herum.
Die Lieblingsjahreszeit von Flöhen sind die heißen, trockenen Monate. Flöhe leben bis zu zwei Jahren und können nach dem Biss am Spender innerhalb von 24 Stunden sechzig Eier legen – das sind etwa 1800 Floheier im Monat und damit entschieden zu viele. Flöhe sind so groß, dass man sie mit bloßem Auge sehen kann; meistens allerdings findet man eher ihre Exkremente auf dem Hund, winzige, schwarze Krümelchen. Am Hund selbst hilft sofort ein Bad, man muss allerdings unbedingt die Lieblingsplätze des Hundes mit einem geeigneten Mittel besprühen und sein Kissen oder seine Decke waschen. Flohhalsbänder sind ungeeignet für Welpen und giftig für Kinder; mittlerweile gibt es beim Tierarzt sehr wirksame Mittel, die für Mensch und Hund keinerlei Nebenwirkungen haben. Beachten Sie bei der Anwendung aller dieser Mittel dennoch in jedem Fall die Gebrauchsanweisung beziehungsweise die Anordnung des Tierarztes.

Zecken
Zecken wiederum lieben feuchtes Klima, lauern an Büschen und Gräsern, schnappen sich einen vorbeischlendernden Hund und beginnen umgehend mit ihrer Mahlzeit, indem sie sich mit ihrem Kopf und zwei »Zangen« in der Hundehaut festklammern und sich voll Blut saugen. Wenn sie genug haben und dick und prall sind, lassen sie sich fallen und legen ihre Eier.
Zecken übertragen Hirnhautentzündung und Borreliose, eine Nervenkrankheit, die auch Menschen und andere Tiere durch den Zeckenbiss bekommen können und sehr mühselig mit schweren Antibiotika behandelt werden muss. Es ist fast unmöglich, Zecken mit der bloßen

Hand zu entfernen, weil sie sich so gut festhaken und man ihnen meistens nur den Kopf abreißt, was zu schweren Entzündungen führen kann. Am besten entfernt man eine Zecke also mit einer so genannten Zeckenzange, die man im Zoofachhandel erwirbt. Man legt das »Kopfstück« der Zeckenzange um den Körper der Zecke und dreht die Zecke mit der Zange ganz leicht heraus. Danach sollte der Biss desinfiziert werden.

Milben

Der Befall von Milben deutet gewöhnlich auf ein schwaches Immunsystem hin. Der Hund juckt sich verzweifelt und an manchen Stellen – meist unter den Achseln, an den Ohren, der Innenseite der Hinterläufe und am Bauch –

gehen ihm die Haare aus. Der Befund kann nur durch Laboruntersuchungen von Hautabschabungen erstellt werden, aber leider findet man Milben trotzdem nicht immer. Die Behandlung erfolgt durch Spritzen, durch die die Milben innerlich vergiftet werden, oder durch mühsame Bäder.

Würmer

Hier zu Lande kommen von den Endoparasiten Band- und Spulwürmer am häufigsten vor. Bei jungen Hunden kann der Befall zu Entwicklungs-

Hunde, die Gras fressen, wollen damit nicht etwa auf schlechtes Wetter hinweisen. Sie suchen sich Raufutter zur Verdauungsförderung.

störungen und sogar zum Tod führen. Welpen können bereits im Mutterleib mit Spulwürmern infiziert werden, weshalb sie alle drei Wochen entwurmt werden sollten, ab der 12. Woche dann alle drei Monate. Erwachsene Hunde werden durch Spulwürmer zwar nicht so sehr geschädigt, allerdings wird natürlich ihr Immunsystem angegriffen, weil der Wurm dem Hund die Vitamine und Mineralstoffe sozusagen wegfrisst. Außerdem sind Würmer auch auf den Menschen übertragbar und können zu sehr schmerzhaften Entzündungen führen. Regelmäßig alle drei Monate durchgeführte Wurmkuren beim Hund dienen also dem Gesundheitsschutz der ganzen Familie. Bandwürmer werden durch Flöhe übertragen und sehen aus wie kleine Reiskörner im Kot oder um den After herum. Spulwürmer hingegen findet man als Laie nur, wenn der Hund sie erbricht (und das ist wahrhaftig kein schöner Anblick). Sie sehen aus, wie sehr helle Spaghetti mit spitz zulaufenden Enden.

Notfälle

In jeder Notfallsituation sollten Sie sofort Ihren Tierarzt anrufen. Sie können Ihrem Hund das Leben retten, wenn Sie so ruhig wie möglich bleiben und Ihrem Tierarzt oder seinen Assistenten eine präzise Zustandsschilderung Ihres Hundes geben, bevor Sie zu ihm fahren. Auf diese Weise wird der Tierarzt alle notwendigen Vorbereitungen treffen können, bis Sie bei ihm eingetroffen sind. Notfälle sind akute Bauchschmerzen, Verdacht auf Vergiftung, Wespenstiche, Verbrennungen, Schock, Frostbeulen, Austrocknen, unnormales Erbrechen oder Blutungen und tiefe Wunden. Sie selber können die Gesundheit Ihres Hundes am besten beurteilen, da Sie ihn auch am besten kennen. Wenn Ihnen irgendetwas komisch vorkommt, zögern Sie nicht, Ihren Tierarzt anzurufen.

Bei der richtigen Pflege über die Jahre hinweg wird sich Ihr Jack Russell bis ins hohe Alter seine Energie und den Enthusiasmus erhalten.

Verstopfte Analbeutel

Anzeichen
Wenn Ihr Hund sich übermäßig am After leckt oder »schlittenfährt«, das heißt mit dem Po über den Boden rutscht, kann das bedeuten, dass seine Analbeutel (in denen die Duftdrüsen des Hundes liegen) verstopft sind.

Erste Hilfe
Die Analbeutel kann man ausdrücken und so die Verstopfung lösen. Lassen Sie sich vom Tierarzt zeigen, wie Sie mit Gummihandschuhen und Papiertuch die Beutel ausdrücken.

Erbrechen

Erbrechen ist bei Hunden nicht ungewöhnlich, sondern kann von zu hastigem Fressen, zu kaltem Futter oder Grasfresserei ausgelöst werden (Hunde fressen dabei übrigens häufig Gras, damit sie sich übergeben können, sozusagen als Darmreiniger).

Erste Hilfe
Erbricht sich der Hund allerdings häufiger, womöglich noch in Verbindung mit Fieber oder Durchfall, muss sofort der Tierarzt herangezogen werden.

Scheinschwangerschaft

Scheinschwangerschaft tritt bei Hündinnen häufig nach ihrer Hitze auf.

Anzeichen
Die Hündinnen »simulieren« in dieser Zeit Mutterschaft, bauen ein Nest, sind unruhig und tragen Stofftiere in ihr Nest und haben eine geschwollene Milchleiste.

Erste Hilfe
Abhilfe schafft meist weniger Futter und viel Bewegung, sonst eine Hormonspritze vom Tierarzt.

Durchfall/ Verstopfung

Probleme mit der Verdauung können auftreten, wenn der Hund etwas gefressen hat, was er nicht verträgt.

Anzeichen
Veränderter Kot (entsprechend der Erkrankung entweder sehr fest oder fast flüssig).

Erste Hilfe
Verstopfung kommt häufig durch zu viel Kalbsknochen und lässt sich meist mit roher Leber oder ein paar Löffeln Dosenmilch behandeln. Die Symptome bessern sich meist nach einem Fastentag. Anhaltender Durchfall hingegen trocknet den Hund aus, deshalb ist hier der Rat eines Tierarztes gefragt. Wenn gar Blut im Kot ist, bringen Sie ihn sofort zum Tierarzt.

Nützliche Adressen:

Rund um den Hund
Verband für das
deutsche Hunde-
wesen e.V. (VDH),
Westfalendamm 174
44041 Dortmund
Tel. 02 31/56 50 00

Tierschutz
Deutscher Tier-
schutzbund,
Baumschulenallee 15
53115 Bonn
Tel. 0 46 51/3 22 06

Ältere Menschen
Bundesverband
Tierschutz e.V.
Freundeskreis
betagter Tierhalter.
Dr. Boschheidgen-
straße 20,
47447 Moers
Tel. 0 28 41/20 52 44
Fax 0 28 41/2 62 36

Nützliche Bücher:

B. Dobenecker/
C. Thielen: Was
deinem Hund
schmeckt,
Naturbuch-Verlag
E. Alderton:
Was tu' ich nur mit
diesem Hund?
Gollwitzer-Verlag

Jack Russell Terrier
Klub Deutschland e.V.
Joachim Kieninger
Goethestr. 4
73463 Westhausen
Tel. 0 73 63/91 90 83

Klub für Terrier e.V.
Schöne Aussicht 9
65451 Kelsterbach
Tel. 0 61 07/23 65

Interessengemein-
schaft Deutscher
Hundehalter e.V.
Pressestelle
Auguststr. 5
22085 Hamburg

Hundeausbildung
Berufsverband der
Hundeerzieher und
Verhaltensberater.
Aussiedlerhof Epp-
stein
Tel. 0 61 98-50 13 71
Fax 0 61 98-50 13 73

Tierregistrierung
Internationale
Zentrale Tier-
registrierung
Weiherstr. 8
88145 Mara Thann
Tel. 0 83 85/92 01-0
Fax 0 83 85/92 01-24

Haustierzentralregi-
ster für die BRD e.V.
TASSO
Postfach 14 23
65783 Hattersheim

Bruce Fogle:
Hunde richtig
erziehen,
BLV-Verlag

Lektorat: Britta Zickfeldt, Hannover
Umschlaggestaltung: Claus-Dieter Riemer, Burgwedel
Gesamtherstellung: Landbuch-Verlag GmbH, Hannover

ISBN 3 7842 1614 5

Die Fotografen
Bildagentur IPO, Linsengericht-Altenhaßlau: U1 Freisteller, U1/U4 Hinterleger, U2, U3, S. 1, 2, 3, 4, 6, 7 l. und r., 8, 11, 12, 16, 18, 21, 22, 24, 27, 30, 31, 32, 33, 34, 36, 38, 39, 40, 41, 42, 43, 45, 48, 50, 52, 53, 54, 55, 56, 59, 60, 61, 62 o. und u.
Weber, Jürgen, Bad Münder: U1 Hauptmotiv, S. 3, 10, 15, 23, 28, 35, 47

Wir danken der Firma Karlie Heimtierbedarf, Haaren, für die Fotos auf den Seiten 13 und 25.

Der Zentralverband Zoologischer Fachbetriebe Deutschlands e. V. (ZZF) ist die berufsständische Vertretung der Heimtierbranche.
Die Mitglieder des ZZF fühlen sich für das Wohl der Heimtiere verantwortlich.
Um Sie rundum über die Bedürfnisse Ihrer Tiere zu informieren, ist gemeinsam mit dem Landbuch-Verlag dieser Ratgeber für artgerechte Tierhaltung in der Buchreihe »Verantwortungsvoll mit Tieren leben« entstanden.

Wenn Sie mehr über die Arbeit des ZZF wissen möchten, rufen Sie uns an:

Telefon 06103/91070.

Wir nennen Ihnen auf Wunsch auch gern ein ZZF-Zoofachgeschäft in Ihrer Nähe.

Bei konkreten Fragen zur Heimtierhaltung wenden Sie sich bitte an unsere telefonische Heimtierberatung:

Telefon 06103/910732

Wir stehen Ihnen zu allen Fragen der Heimtierhaltung gern zur Verfügung.

HINWEIS

Zum Weiterlesen

Barbara Metzmacher
Der richtige Hund für mich
64 S., 49 Fotos,
DIN-A5-Format, kart.
17,90 DM, 131,– öS, 17,– sFr
ISBN 3 7842 1601 3

Dieses Buch gibt Ihnen
wichtige Tipps und Hinweise
für die richtige Auswahl des
Hundes und stellt beliebte
Hunderassen mit ihren
Eigenschaften vor.

Gabriele Niepel
Unser Welpe kommt
64 S., 50 Fotos,
DIN-A5-Format, kart.
17,90 DM, 131,– öS, 17,– sFr
ISBN 3 7842 1613 7

Kommt ein Welpe ins Haus,
stehen viele Fragen an, die in
diesem praktischen Tier-Ratgeber beantwortet werden. Der
Hundefreund findet hier wichtige Informationen für die Vor-
bereitung des »großen Tages«
und erhält wichtige Tipps, worauf er in den ersten Wochen
und Monaten achten sollte.

Barbara Metzmacher
Hundeerziehung – spielend leicht
64 S., 58 Fotos,
DIN-A5-Format
kart.
17,90 DM, 131,– öS, 17,– sFr
ISBN 3 7842 1608 0

Dieses Buch gibt Ihnen
wichtige Informationen
für die richtige Hundeerziehung. Außerdem stellt der
Tier-Ratgeber die schönsten
Hundespiele vor.

HINWEIS

Im Programm des Land-
buch-Verlages finden Sie
viele Titel mit interessanten
Informationen zu Ihrem
Hund. Hier lesen Sie Wis-
senswertes zur artgerech-
ten Haltung und Erziehung
des Hundes und erhalten
viele praktische Tipps.

Rüdiger Herrscher
Hundebuch für Singles
148 S., 40 Fotos,
39,80 DM, 291,– öS, 37,– sFr
ISBN 3 7842 0562 3

W. R. von Rhamm
Die Erziehung unseres Hundes
100 S., 31 Fotos, 1 Zeichn.,
9,80 DM, 72,– öS, 9,80 sFr
ISBN 3 7842 1211 5

Eva-Maria Krämer
Hunderassen
128 S., 90 Fotos,
16,80 DM, 123,– öS, 16,– sFr
ISBN 3 7842 1220 4

Sabine Middelhaufe
Retriever
112 S., 18 Fotos, 12 Zeichn.,
14,80 DM, 108,– öS, 14,– sFr
ISBN 3 7842 1222 0

Doris Jung
Der Hovawart
112 S., 22 Fotos,
12,80 DM, 93,– öS, 12,50 sFr
ISBN 3 7842 1213 1

Eva-Maria Krämer
Schnauzer und Pinscher
94 S., 10 Fotos,
10,80 DM, 79,– öS, 10,50 sFr
ISBN 3 7842 1217 4